スープで、いきます

商社マンがSoup Stock Tokyoを作る

遠山正道

新潮社

はじめに

「なんでこうなっちゃうの？」

という、世の中や外食産業に対する素朴な疑問、あるいは苛立ちのようなものから**Soup Stock Tokyo**（以下、スープストック）は生まれました。派手な電飾看板や、安かろう悪かろうと思わせるメニュー……。

「もっと普通の感覚でいいのに」と思っていました。

「やりたいことを今やらないと、後で絶対後悔する」という、自分自身への思いもありました。

私は、三菱商事の社員のまま、スープストックというスープ専門店の企画をし、事業を始めました。そして、社内ベンチャーという形で株式会社スマイルズという会社ができ、少しばかりの株主にもなりました。

しかし、やりたいことをやろうとするのは、想像していたように優雅で、楽しいことばかりではありませんでした。

企画段階では、「スープで腹一杯になるのか」、「夏はどうなんだ」、「価格が高すぎる」と何度も言われ、会社ができてからも、慣れないことだらけで手探り状態でした。

でも「やってみなければわからない」。だから「会社にはしばらく私たちのことを忘れてほしい」。家を出て、旅をして、苦労はあるけど何とか一人前になって、お土産を持って帰ってきます、だから自由にのびのびとやらせて欲しい、当時はそんなふうに思っていました。

そして今、スープストックは三十四店舗を数え、何とかやっと一つの形になってきました。

以前、ある外食大手の社長が、こう言ってくれました。

「マックやKFCが日本に入ってきたのが一九七〇年代。その後ファストフードの業界で、丼ものなど和の業態はあっても、洋の業態で〇《ゼロ》から生まれて成功したのは、スープストックぐらいだ。三十年に一つのブランドだ」と。

もちろん、他にもあるよ、とか、スープストックなんてまだ小さくて、との声が上がるでしょう。もっともです。

でも言われてみると、海外から輸入されたブランドや業態を除くと、日本発の洋ものファストフードは、確かにあまり存在しません。それは、それだけ日本で生み出され育つことが難しいことを示していると言えます。

私は、始めた当時はサラリーマンで（今でもそうなのですが）、食の素人で（今でもアヤシイものですが）、でも、そんな何もない状況でスタートできたのは、理屈を超えたただならぬ何か、熱病のような何かがあったからだと思います。


仕事は、一人では何もできません。

本当に色々な方の理解、協力、意思決定。お客さまのご理解、ご声援。そしてスマイルズという会社の、ユニークで力強い仲間の、並々ならぬ力。

それらがあったから、何とかここまで来ることができました。

そして私も、私なりに、自分が創ったんだ、という自負もあります。

まだまだ途上ですが、スープストックが生まれたときに何が起こったのか、熱病とは何だったのか。「具沢山のスープ」は、本当に「苦沢山のスープ」でしたが、それがどうやって生まれ育ってきたのか。ここで一度、振り返ってみたいと思います。

会社を車に喩えるなら、利益はガソリン。重要です。これがないと車は動かず、役に立ちません。しかし、ガソリンだけを求めてもしょうがない。

誰を乗せて、どこに行って、何をするのか。

スマイルズという車は、最初は小さく単純だったので、私も何とか自分で運転してきました。でもここに来て、車は中型のバスになり、昔はなかった電子部品も色々付いてきました。正直、分からないことだらけです。だから分かる人に集まってもらって、これからはチームで乗りこなさなければなりません。

運転が難しくなったり、ガス欠になったり、だから自信を失いそうになったりもしますが、でも私には「どこに行って何をやるか」が、まだ形はおぼろげでも、道の先にある森と湖の向こうに「しっかりと存在している」ことだけは、ハッキリ確信できているのです。

そして、一緒に車に乗っている皆は、何だか知らんがやけに陽気でいいヤツなのに、しっかりしていて美意識が高く、その車が走ると、排気ガスの代わりに自然の芳香やら愛情やらが振りまかれる。車が通ったところの人たちは、気がつけばホッとしていたり、もう一回やってみようと勇気がでたり、美しさや友情に感動したりする。そうして、向こうのほうにボンヤリあった地に皆で降り立って「ほんとうに来れたね」ってしばし佇む頃には、通ってきた風景が少し色付いて、世の中の体温も少し上がっている――。

そんなことを実現させるために、運転席でハンドルを握ったり、横に座ってあいまいな地図を睨んだり、時には居ても立ってもいられなくなって地図に上書きする。私は、そんなことをする役割なのかと思っています。

現実には、最近車を買い替えて、タクシーによくあるクラウンの新車を明るい黄緑色に全塗装し、シートをレモンイエローに張り替えました。相当普通ではないです。まずは、自分の車からそんなことをして、皆と楽しい旅をする準備を始めています。

私は、もともと理論的でないうえ、皆さまに示唆する知識も術も持っていませんが、やってきた事実をお伝えすることはできます。だから私の話ばかりで恐縮ですが、「スープ」の部分を、皆さまの興味ある何かに置き換えて読んで頂ければ幸いです。

さて、中型バスが、これから走ります。

いっちょう皆で頑張ります。

＊目次

スープで、いきます

～ 商社マンが Soup Stock Tokyo を作る ～

装幀　新潮社装幀室

第一章　成功することを決めた

ちょっと変わったサラリーマン時代

三菱商事のサラリーマンだった私は、おとなしいけれど、ちょっと変わったサラリーマンだったようです。

一九九三年、機械情報化推進室という部署に移った私は、電子メールやパソコン通信なるものに出合い、そのポテンシャリティに世の中が変わるほどの底知れぬ胎動を感じ、興奮していました。

当時は商社といえども営業部の壁際にわずか二、三台の端末が置かれ、矢印のキーを叩いてピロピロとカーソルを動かしているような時代でした。まずはそれぞれの部に一人一台のパソコンを置いてもらう必要がありました。

そこで私は、当時の上司の名前をもじって、「二村課長の電子メールのある一日」という物語を書きました。誰に頼まれたものでもありませんでしたが、電子メールやインターネットの登場によって、コミュニケーションや意思決定をするのにこんな事態が生まれ、こんなに仕事の方法や生活や社会が変わるんだぞ、ということを分かりやすく書きました。

宛先は「このタイトルに興味の無い全ての人々へ」。そして最後には「この文書が九六年には全く時代遅れで意味をなさなくなっていることを願います」と締めています。そこに書かれていることが現実となった今読み返してみると、我ながらよく出来ていると感心できる内容でした。

この文書は、とても好評を得ました。文書が一人歩きし、別の部署や上層部にもコピーされていき、ついには当時の槇原社長の所にも届いて、インターネットの説明をしに社長のところへ呼ばれたりもしました。

この出来事は、シーンを描く物語形式の企画書は、解りやすく共感してもらいやすいということ、そして〝頼まれてもいない仕事〟をする充実感を知った、私にとってのちょっと変わったプチ成功体験でした。

その後〝チャレンジポスト〟という、直属の上司に知られず異動願いを出す制度（私は相談しましたが）を利用して、情報産業グループに移りました。

異動して間もない頃、「どのようなシステムが最も社内のコミュニケーションを活性化させるか」という課題が出され、ツールとしてグループウエアを構築するなど、コンサルティング会社からのものを含め、色々な提案があがりました。

私が提案したのは「槇原社長自らが率先し、社員が一緒に毎週皇居をマラソンする」というプランでした。

色々なシステムやツールを作ってみても、利用しなければ意味がない。英語みたいなもので、いくら言葉がうまくても話す内容がなければ伝えるものもない。逆に伝えたい事柄があれば、英語がへたくそでも多分通じる。だから、まずは横の壁も縦の断層も越えて同じ汗をかき、時間や感動を共有する。そうすればコミュニケーションはスムーズになる。そういったベースさえできれば、メールなどのツールは追って自然についてくる、と結構熱く上長に訴えました。かっこよく言えば、手段ではなく目的にフォーカスを当てたといえるでしょうか。しかし、「面白いけど」と却下されました。

まあ、ＯＫを出す管理職はいないでしょう。当然の結果だと思います。

それよりも、そこで終わってしまったのが、私の弱いところでした。何もいきなり社長を引きずり出さなくても、まずは身近なところからやってみればよかったのです。そこから、何か別の気づきが生まれたかも知れません。

たとえばもしも今、私がその上長であったら、賛同する二、三人ででもまずは走ってみたいと思います。こんなバカげた企画に一枚嚙んで、一回だけであっても一緒に走れば、社長とのマラソン案はお蔵入りになったとしても、そのチームは次に必ず何かを生み出すでしょう。勇気とエネルギーの共有という体験は、「これを何かの形にしてみせる」という思いをきっと与えてくれるはずです。

自分の仕事に疑問を感じた頃

情報産業グループの上司、湯川部長は非常に能力の高い有名な方で、私は公私ともに大変お世話になっていました。部長はつねづね「ビジネスマンとして昼飯を食べるのは七千五百回だけ。だから色々な人と食べろ」と言い、夜の会合も六時、九時、十一時と三回に分けてアポイントを入れ、部下とは最後の十一時の会に集結して情報交換をしていました。

商談の場でも、湯川部長の話はとてもスケールが大きく、説得力があり魅力的でした。「各家庭のトイレの下水道をひとつの情報インフラとすれば〜」「GDP四百九十兆円のうち〇・一%を〜」などなど、その圧倒的なスケールにクライアントは「さすが三菱商事、すごいですね」となります。

横に居る私は、キャパや知識がついていっていなくても、感心しながら分かったような気になっていました。上司の言っていることや、本や新聞で読んだことの受け売りを、朗々と話している自分もいました。自分が偉くなったとさえ思っていたかもしれません。

一方で、自分に実感のないものはどうも認めにくい、とも思っていました。

電子メールに素朴に感動し、居ても立ってもいられず人に伝え、その思いを共有したときの喜びと比べると、周りの話も新聞記事の受け売りのような気がしていたのです。

あるとき、都内の女子大に、インターネットのインフラを構築しませんか、という提案をしました。これからはインターネットが普及し、生活や教育はこんなにも変化していきますよ、だからパソコンのインフラ整備をしていきましょう、と。九五年当時はパソコンの普及もまだまだで、学長であるシスターはインターネットのことなど何もご存じない様子でした。

学長と少しずつ話を進めていくうちに、「一生懸命にやってくださいますし、遠山さんのおっしゃるようにしていただきましょう」と言われ、私は大いに喜ぶと同時に、一方で本当にいいのだろうか、という不安を感じました。学校にとって、それは必ず行うべき良い提案だと思っているのですが、いざシステムやハードを導入するとなると、もっと選択肢はあったかもしれないし、劇的に安いわけでもないし、うちを経由した契約をすると後々何かと重いのではないだろうか。我々はメーカー側と連携していたので、そのシステムを売り込むメーカー側の営業ソリューションとしては意義がありますが、ユーザーにとってもこの提案がベストといえるのか、と疑問に思ったのです。その後、色々とあって結局コンペとなり、結果は他社に負けました。勝っても負けても、もう一つ喜べない試合だったのかもしれません。

その頃たまたま、家内と山登りにはまっていました。

周りで山をやる人はいなく、非常に地味な趣味でしたが、登りきった時の感動は新鮮でした。慶応ボーイも三菱商事もなく、自分の二本の足だけで成したことに純粋な達成感を感じ、喜びを得ました。

どこかの本で読んだ世界の名峰の話ではなく、小さな山ではあっても自分自身がやり遂げて実感したことは事実であり、そこには私が仕事に感じていたような、迷いや疑いはありませんでした。

転機となった初めての個展

その頃、百四十八ミリ四方のタイルに抽象画を描き、そのタイルを組み合わせる作品で、初めて個展を開きました。

子供の頃、私の部屋には、父親が海外でお土産に買ってきてくれたタイル画が飾られていました。動物などが描かれた、童話の挿絵のようなかわいらしい絵です。幼い頃からそれを毎日見て育ちましたから、タイルの絵は私の原体験そのものと言えます。

私は絵を習った経験はありませんが、中学時代に美術の授業で描いた水彩画は、全て水墨画風のモノクロ作品で、やはりずいぶん変わっていたのかもしれません。その後、大学生だったあるとき、知り合いが開いた青山のサンドイッチ屋さんのロゴと店内の絵を描くことになり、それがきっかけで雑誌『ポパイ』の冒頭のページで取り上げて頂いたり、泉麻人さんの本の表紙や雑誌のイラストなどをやらせて頂きました。とはいっても、とても本業にできるほどのものではなく、大学を卒業して三菱商事に就職し、その後はユーミンさんのコンサートの絵などをちょろちょろとやらせてもらっていました。

そして九四年、三十二歳の頃、自分を試してみたい、自分の思いを世の中にぶつけてみたい、と思い立って初の個展の開催を決めました。その時、私は〝スーパーエディター〟と呼ばれている秋山道男さんに相談しました。彼は、小泉今日子やチェッカーズをプロデュースし、無印良品の草創期にもかかわった、相当変わった（？）凄い御仁です。

秋山さんに「三十五歳で初めて個展を開くと、オジさんが暴れてるみたいで嫌だから、三十四歳のうちにやりたい」と言ったところ、彼は「年齢は、四捨五入ではなく三捨四入。三十代は三十三歳まで」と言い放ったのです。思いつきで言ったと私は思っていますが、この言葉が強迫観念的な目標設定になり、一年で七十点のタイルの作品を描きました。

合コンやら何やら華やかな時代、仕事の前後に時間を捻出し、テーブルに乗らないほどの大きな作品を含め、週に一つ以上制作するには相当の気合と持続力とコミットメントが必要で、まさに熱にうかされているようでした。まだ生まれたばかりの娘を抱える家内にも、相当迷惑をかけたと思います。

この個展には幼稚園からの幼なじみ、山本康一郎が協力してくれました。ファッションのスタイリストとしてトップの座を超え、今では重鎮となっている人物ですが、彼が全体のディレクションをやってくれました。

会場は代官山のヒルサイドテラスのギャラリー。巨大な白壁のホワイトキューブです。協賛してくれたＩＮＡＸの常滑の工場でタイルを焼き、便器にも絵を施しました。松山油脂の松山君が私のオリジナルデザインの石鹸と箱を協賛してくれ、お客さまに配りました。パンフレットの装丁はナガクラトモヒコさんという、ｉモードやリクルートのロゴを創った一流アート・ディレクターが担当してくれました。

準備が進み、オープニングも近づいたある打合せのとき、私は康一郎に「これで自分の夢が実現する」と言いました。すると康一郎に「そんなチンケな夢にはつき合っていられない。ここからがスタートだろ」と言われました。

正直、ショックでした。たしかにこの個展自体を夢の完成形だというならば、それはたんなるサラリーマンの趣味に過ぎません。プロの世界からすれば、一流の人を集結して、そんな甘ったるい夢に加担するつもりはないということでしょう。

康一郎に、何か引導を渡されたように思いました。この時、自ら扉を開けて、自分でステージに立ったのだから、堂々と演じきる責任を感じました。

さて、オープニング前日の夜。遅れて来て、会場を見渡した康一郎が、作品の下に小さく貼ってある作品番号に目を留めて、「この文字のサイズは、もう少し小さいほうがいい」と言います。インスタントレタリングで擦《こす》って貼り付けた番号でしたが、それをほんのわずか小さくするために、七十点全て付け替えました。

さらに「作品の配置を一部ずらそう」となり、そのためにライティングの角度をかえるべく、高い天井に向け大きなやぐらを組み立て直しました。

どちらも、傍《はた》から見るとほとんど気が付かないほどの微細な変更だったかもしれません。ですが、そのときの私たちは、最高のものに近づけることに、執念ともいえるような一致した気持ちの中にいました。

ギャラリーは、夜中の二時には自動で電源が落ちるシステムになっていました。会社を三日も休んで北海道からかけつけてくれた後輩の菅井君とは、最後の最後まで作業をし、電源が落ちる直前に慌てて逃げました。間に合わず未完成になってしまったある小さな部分は、ふたりだけの秘密となりました。

そして、いよいよオープニングです。会社での仕事を終えた後、私はツイードのジャケットに、パンツの裾をロールアップし、黒の短靴を履いて会場に出向きました。ルンペンっぽい格好ですが、私にとってはこの場に向けた正装でした。

私はこの個展に周りの人を招くとき、「最高だから是非来てください！」と躊躇なく言っていました。いつもの自分であれば、遠慮がちに言うところでしょうが、これだけ色々な人が協力してくれて、皆の手で創り上げたものです。たまたま私の絵が真ん中にありますが、皆の苦労の集結だと実感できたので、「最高だから！」と言えました。

オープニングパーティでは、母親が「遠いところを、愚息のためにすみません」とお客さまに頭を下げていました。母親としてはもっともな、有難い配慮です。しかし私としては、謝るくらいだったら最初から呼ばなきゃいい、来ていただいた方には「ようこそ来てくださいました！」と堂々と握手をし、「さあどうぞ、見ていってください」というのが自分の役割であり、責任なんだと思いました。

個展は大成功でした。七十点の作品も全て売れました。

アドレナリンも最高値で、高ぶりもありました。

しかし、この時大事なことをいくつか感じ、学びました。

一つは、自分自身をさらけ出すこと。借り物をまとったのではない、これ以上でも以下でもない、ウソ偽り虚勢のない自分であれば、良い評価も悪い評価もそのまま受け入れられる。喜びに対しても謙虚にならず、大いに喜べる。

一つは、仲間の協力。仕事は一人では全然実現しない。仲間とのセッションによって、より良いものがひねり、ねじり出されること。

一つは、人は人のために、惜しみない協力をしてくれる、という事実。

一つは、皆で後悔なく創れたものは、何のてらいも必要なく「最高だから！」と言えてしまう、初めて経験できた未知の感覚。

一つは、行動には、責任が発生するということ。「やった以上、やらなきゃいけない」ということ。


個展が終わって、協力していただいた方、来ていただいた方に手紙を送りました。

感謝の気持ちが一杯で言い足りなく、主な十八名の方には別に、それぞれへの言葉を添えました。家内など身内にも感謝の言葉を加えました（いつもは照れて苦手です）。

手紙の最後にはこう書きました。

「今回のテーマは、〈いかに頭で考えず、感じるか〉でした。頭で考える事などは所詮限界があり〈感じる事〉にこそ、広がりと創造力と行動力がもたらされると実感しました。そして実際に〈行動する事〉が、頭で考える事より、ずっとパワーが必要で、しかし予想もしていなかった色々な事を生み出し、行動こそが価値を産む事だと実感しました。（中略）この手紙を最後に、この事は既に過去の事となりました。今日からは未来に生きる人として、自ら開けてしまった扉の向こうにむけて更に〈感じて、行動して〉（またもや周りの人を巻き込んで）いきたいと思います。皆様、大変ありがとうございました。そしてこれからも何卒宜しくお願い申し上げます。」

私は、これでスタートを切ったのだ、と自分に言い聞かせました。そして私はこのとき、成功することを決めました。

成功することを決めた——。妙な言い方ですが、私の中に生じたそのままの言葉です。

私は、協力してくれた人たちに対して、それが恩返しになるんだ、と思いました。

これがスープストックを始めることになる、私の転機であり、熱病の始まりでした。

どうするか

さて、どうするか、と思いました。

絵ではとても食べていけるとは思えなかったし、サラリーマンとして特別優秀なわけでもない。ただ、個展で体験したエネルギーを仕事で活かさない手はない、そのほうが会社も自分もハッピーだ、と思いました。

自分を見たとき、人生で配られるカードのうち、やはり三菱商事の社員であることと、アートワーク、この二枚で勝負だと思いました。それぞれはそこそこでも、二枚をうまく併せたポジションというのは、あまり他でも見当たりません。

そのことを「個人性と企業性」という言葉に置き換えてみました。

個人の情熱、センス、地べたの目線と、企業の持っている信用やネットワークなど、両方の良いところだけを併せた何かができないか。

また、情報産業グループにいて、いまひとつスケール感が合わなかった私は「もっと手触り感のある、身の丈に合ったもの、自分で実感できるもの」として、漠然と小売や食の関係に身を置きたいと感じていました。

湯川部長が偉大な分、自分まで偉くなってしまったような勘違いをし、或いはちやほやされて、その後気がついたら自分で自分を試さないまま定年をむかえ、人生を終える。そんなことになれば絶対に後悔する、ということは分かっていました。

ＫＦＣへの出向

当時、三菱商事の関連会社である日本ケンタッキー・フライド・チキン株式会社（以下、ＫＦＣ）と三菱商事の間で、ＫＦＣには千百もの店舗やピザハットのデリバリー網があるのだから、それをネットワークにして何か面白いことができるのではないかという話が、私の所属していた複合機能サービス推進室におりてきました。当初、私は担当ではなかったのですが、食に関連する企業との仕事なので途中から手を挙げて担当にさせてもらい、色々な企画を提案したり、調査を進めたりすることになりました。

最初は情報産業としての提案をしていましたが、今こそ食そのものに入りこむチャンスです。私は「顧客へのソリューション提供」などと言いながら、どんどん食関係にすりより、そのうち、有機野菜のレストランなどを提案していくようになりました。

またその頃、三菱商事の情報システム部門からＫＦＣに出向していたメンバーに、岡本君がいました。彼は今では独立して三菱商事と作った株式会社クリエイト・レストランツという会社が東証マザーズに上場を果たし、大きな成功を実現した人物です。

私は個展の熱が覚めやらぬときで、とにかくＫＦＣに潜りこみたいと考えましたが、当時は三菱商事側からすると、出向する目的も必要も薄いときでした。

私はあまり策士的なことに知恵がまわるタイプではないのですが、そのときばかりは外苑前の喫茶店に岡本君を呼び出し、上目遣いの悪代官ふうに策を練り、大河原社長から「三菱商事の遠山君に、出向というかたちでＫＦＣに来てもらいたい」と申し入れてもらえるよう、画策してもらいました。

まもなく、それが実現し、晴れてＫＦＣへ出向となります。

私と岡本君は、大河原社長に何かと目をかけて頂き、「サラリーマンで終わるのではなく、三菱商事を利用してベンチャーを興せ」などと発破をかけて頂きました。

出向が決まったときに私は、大河原社長に手紙を書き、手渡しています。何の実績も無いただの平サラリーマンの分際で、しかも肩書きのない私信で、恐ろしいことを書いていました。

「四十三歳で社長になりたいと考えております（抜粋）」

大河原社長は、ニコニコしてご自分の体験を織り交ぜて語りながら、大いに頑張れと励まして下さいました。

ちなみに四十三歳とは、秋山氏に「年齢は三捨四入」と言われたので、三十三歳の個展の次は四十三歳までにポジションやネットワークなどを築く、要は社長になって、そこから勝負をしていきたい、と考えていたのです。実際にスマイルズの社長になったのは三十八歳のときですが、今まさに四十三歳、これから勝負の年となるわけです。

企画書「スープのある一日」

ＫＦＣでの配属先は、新規事業部でした。そこでの担当は、富山県の高速道路のサービスエリアにある立ち食いそば屋、食堂、土産物屋などにＫＦＣをはめ込み、複合的に運営しようという仕事でした。

早速富山県に泊まり込んで、サービスエリアの現状を把握することになりました。私も、おそばのオペレーション（調理・商品製造の作業）や食堂の皿洗い、ソフトクリームやたこ焼き作りなどをやりました。足でペダルを踏みながらソフトクリームをコーンに巻いて乗せるのはなかなか難しく、ボトッと落とすなど、いくつもロスにしてしまいました。

富山では現場の良い経験をしましたが、しかしそれだけでは、これまでのＫＦＣの仕事の延長を、誰かの代わりにしているだけです。チキンのことはもちろんＫＦＣの人のほうが詳しいし、この仕事も私より適任者は多いはず。私はかつてのＫＦＣ内部にはなかった発想を実現することが、出向してきた自分の役割だと勝手に考えました。

毎日、新しい事業のことを悶々と考えていました。


そして二つのキーワードが頭に浮かびます。

「なんでこうなっちゃうの?」と「低投資・高感度」。

「なんでこうなっちゃうの?」は、目の前のサービスエリアもそうでしたが、世の中のもろもろの事に感じていました。ファストフード全般にも、どーしてこーなっちゃうのよ、というものが溢れていました。グルグルと回る巨大な電飾看板。「2階147席」と大書した内照式看板。極彩色のメニュー。どれも、お客さまが見やすいようにと口では言っていても、自分の売り上げのことしか考えていない、周りの環境を無視したものにも見えました。

「低投資・高感度」は、その打開策として考えたものです。

ＫＦＣの店舗を見ても、三十年前にアメリカから入ってきたシステムのままで、スペースたっぷりの厨房には特注の圧力釜、立派なマネージャールーム、ホールには特注の照明と、大きなものが溢れていました。でも、照明はシンプルなスポットで充分だし、「既製品でもいいから、もっと低投資で、それをセンスや知恵でカバーできないか」と思っていました。

ある日、友人と食事をしているとき、突然女性が一人でスープをすすっているシーンが頭に降臨?してきました。

「ふーん、スープか。いいかも」と思いました。

その時、頭に浮かんだ女性は、一人で、ゆっくりと、温かいスープをすすって、目を細めて、ほっとしている様子でした。スープの中身は、どちらかというとホワイトシチューのようなものでした。別に、誰にバレるものでもないのに、何だか大事なものをこっそり手にしたような気がしました。

そして、そこからはスープのことが頭を離れず、堰を切ったように、膨大なイメージが湧きあがってきます。「女性が一人で入れるお店の圧倒的不足」「無添加の食べ物」などなど、キーワードがどんどん出てきました。

密かな、しかしかなりの興奮状態になって、何人かの人を〝差し〟で食事に誘い、スープの話を一方的にまくし立てました。何故か、相手は食の関係者ではなく、知合いの映画監督とか、デザイナーなどでした。〝生活者〟には興味を持たれ、〝飲食事業関係者〟からは真っ当な否定的意見を言われるのを予め察知し、無意識に避けていたのかもしれません。

今思えば、この両者の意見には必ずギャップがあるでしょう。後者の意見は、いやでも聞こえてきます。前者の感覚を忘れず大事にするには、なかなかの根性がいるでしょう。

この企ては、まだ部内で共有できる段階のものではありませんでした。せっかくの秘策を、何だかんだ言われてすげなくされるのはイヤでした。なるべく具体的な案にして、一発必中の必要があります。

そこで私は、以前の「二村課長の電子メールのある一日」での経験を活かし、アフターファイブを利用して、「スープのある一日」という物語形式の企画書を三ヶ月かかって書きました。

その内容は、スープをめぐる具体的なシーンから、お店や会社の将来の在り方まで、多岐にわたっています。その頃の私にとってこの提案は、単なる一つの新業態のアイディアではなく、自分の人生や問題意識を抜きには語れないものでした。

企画書は、もう既にそれが存在しているかのようなスタイルで書きました。企画が実現した未来のことを、さらに先の未来から振り返って過去形で書いたのです。そして **Soup Stock** の名前も、ロゴマークも、商品の写真も、カップに入ったスープのポスターもつけました。お店のインテリアのパース（デザイン画）は、代官山のモノトーンの靴屋さんを写真にとり、加工してモダンな店構えとしました。

私は当初から岡本君をこの話に引き込み、一緒に検討しました。企画書には別冊の事業計画書を付けましたが、それは岡本君が作ってくれました。当時はまだ東大出の情報システム部門の人だった彼に、飲食業界での熱病をうつしたのは、私が犯人だと思っています。所属していた新規事業部のメンバーや、ＫＦＣの和田専務なども好意的に、大いにバックアップしてくれました。

こうして出来上がった「スープのある一日」は、物語形式の企画書でしたが、今になって読み返すと、非常に目に見えやすい具体的な目標設定にもなっています。

今ではスマイルズ社内で「バイブル」とも呼ばれ、池本常務などは毎日持ち歩き、読み返したりしている「スープのある一日」を、原文のまま載せたいと思います。

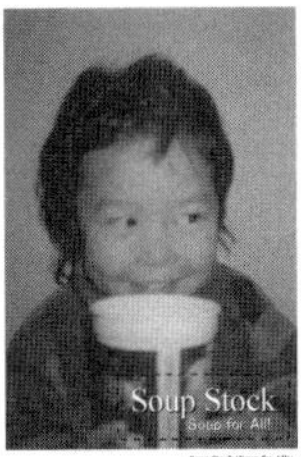

Soup Stock (Soup for All!)

What is Soup Stock?

12/12/97
日本ケンタッキー・フライド・チキン株式会社

1

Soup Stockに関して、その全体像を簡単にご理解頂くために、物語仕立てにして、まとめました。私共の考え方をご理解頂きたく、是非とも最後までご一読頂きます様、お願い申し上げます。

1997年12月12日　遠山、岡本

「1998年 スープのある一日」

scene 1
1. プロローグ
2. メニュー
3. 夏期対策
4. 立地
5. 物販
6. オペレーション
7. 店舗コンセプト
8. 店舗イメージ

scene 2

9. 成功の仕組み
10. 成功のはらわた
11. 2002年拡大の様子
12. 本当の狙い・目標
13. ベンチャー
14. 思い起こせば

2

「1998年 スープのある一日」

scene 1

<プロローグ>
恵比寿の日本センタッキー・ブライト・キッチンの秘書室に勤める田中は、最近駒沢通りに出来た（仮称）Soup Stockの具沢山スープと焼きたてパンが大のお気に入りで、午前中はどのメニューにしようかと気もそぞろだ。

（→具沢山のスープと焼きたてパン）

KFCポリッシー担当のいつもの仲間と昼食に出るとき、女性だけで行ける店は限られていたが、Soup Stockが出来てからは頻繁に通っている。メニューに表記されているNonfatやLowfatの文字は、彼女達にとっては神のお告げに見えるようだ。

（→女性の行ける昼食の店の圧倒的不足。ナチュラル、ダイエット需要）

大顔原社長とMr.UNOは、早食い大食いで有名。Soup Stockでも500ccのＬサイズと焼きたての黒パンを平気で平らげるが、部屋に戻ってからはベルトを緩めているらしい。

（→男も、食べてみれば十分なボリューム）

吉沢は、意外に気が多く、10種類以上のメニューを決め兼ねているうちに、並んでいた順番が自分に来ていつも慌てる。

（→魅力的で豊富なメニュー。とても早いスループット）

今やすっかり、具沢山スープは食生活の一角を成したが、登場した

当時は新鮮だった。
…考えてみれば、スープというものは、０歳～100歳まで、男女・国籍・貧富・宗教を問わず、早朝から深夜、食事、おやつ、夜食まで、やたらと範囲は広く、明快に「スープは嫌い」と宣言する人も無く、さては、これほどのポテンシャリティを持った飲食物は、水をしてもまだ見当たらない程のものなのである。
かつては、スターターやサイドとしての役割を背負わされていたが、スポットを浴びてからは、いきなりブレークし、各々が夫々のスタイルでスープを食生活に取り入れだした。

（→SOUP FOR ALL. Anytime Anywhere. High frequency）

<メニュー>
当時、スープで食事になるとは思っていなかったが、350ccのスープは食べてみると食べきれない程のものである。具沢山のものが多く、これはほとんどシチューだなと思わせるものも多い。ニューヨークで爆発的に流行っているらしいが、あのアメリカ人でも腹一杯になるのだからうなずける。

（→十分なボリューム）

最初は、具沢山のシチュー系にはしったが、最近は「セロリとオニオンのスープ」とパン、のようなすっきりしたメニューが好みだ。「丸ごと玉ねぎのスープ」の、まさに丸ごと入った玉ねぎは、どうしてあんなにとろっとして甘く、美味しいのだろうか。

（→すっきりスープでも十分な満足）

スープとパンだけだと、タンパク質が欲しくなるが、パルメザンチ

ーズの細切りを振り掛けたり、ブラジルのポンデケージョ（チーズ入りパン）を齧ったりできるのは、バランスへの配慮としてうなずける。

（→栄養バランスへの配慮）

焼きたてパンか、パセリィライスかは、気分やお腹の空き具合でチョイスする。
豚肉と白菜に、たっぷりの大根おろしが入った「雪見スープ」は、ほとんどお鍋とごはんだ。
癖になるメニューは韓国風「キムチトック」。韓国はスープが主食の国だけに奥が深い。石川さんもニッコリ。

（→パンかごはん。鍋のアプローチ。癖になる辛さ）

メニューに季節感があるのは嬉しい。大好きな「牡蠣のクラムチャウダー」が冬しか味わえないのはいささか寂しいが、来週からの「15種類の秋野菜のスープ」が楽しみだ。
「レタスの冷製クリームスープ」は通年メニューなのが有り難い。レタスのシャキシャキ感が残った独特のスープに、殆どサラダの様にレタスが乗っかっており斬新でウマイ！

（→季節感を出したメニュー。スクラッチ感）

やはり、最初に鍋で玉ねぎをじっくり炒めて作るのが、美味しさの基本だろうか。家でもカミさんにそうやらせるか。

（→スクラッチから作っていると思わせる演出）

ランチ以外にも、夕方ちょっとした打合せで人と会う時にもよく利用する。
そんな時は、「トマトとオレンジのスープ」や、「りんごとキャベツ

のスープ」など果物系で攻めると、相手が、必ず「一口頂戴！」とせがんでくる。

（→果物のスープ。食事以外の利用）

会社の帰りに1人で立ち寄るのにもとても良い。250mlの赤ワインのミニボトルを横に置いて、雑誌を見ながら１人ゆっくりスープをすすっている女性の姿が大きなガラス面を通して中に見えた。一日の疲れを癒してくれるような、スープの暖かさがこちらに伝わってきた。

（→ワインのミニボトル。女性1人で入れるお店）

＜夏期対策＞

夏になるとメニューを衣替えして、カレーが主体のラインナップになるのは楽しい。スパイシーでサラッとしたカレーと、冷たいビシソワーズのセットは、暑い夏に嬉しいメニューだ。カレーも、このように８種類も並ぶと壮観で、あれこれと試したくなる。町場のドロッとした黄色いカレーではなく、サラサラしたスパイシーなルーは、思えばスープ屋さんなのだから美味しいのも納得する。

（→暑い夏に辛いカレー。鍋とパン、ライスの同一オペレーション）

夏になると店そのものが衣替えをするのも楽しい。６月になると、スタッフもアロハのようないでたちで出迎え、気分も明るくなる。看板が裏返って、白黒反転したロゴになるのもハッとさせる。毎年、６月には夏の到来、10月には秋の気配を思い起こさせてくれる。あー、四季のある日本に生まれてよかった。

（→店の衣替え）

<立地>
アークヒルズ店の昼時は凄まじい。11:30から13:30まで、ほとんど列は切れない。皆、買って外の噴水などに座って食べている。女性や外人がやはり多い。まとめて買う人も多い。一杯注いで渡すまで約45秒、２列に並んで２時間だと単純に計算して320食、平日の昼だけで月商512万円。その他の時間帯を入れると月商約800万円だ。土日を休みに出来たのは、ビル側の理解があったから。
有楽町の三菱グループのビルの店も同じ様子だ。

(→ビジネス街立地)

青山店や原宿店は、昼食や夜の範囲が長く、常に誰かがゆっくりとスープを食べている。やはり、デザイナーや美容師風が多く、客も個性的だが、この店舗のパートナーは輪をかけて個性的だ。先日は、いきなり髪の毛が紫色になって驚いたが、次の月にはオレンジになっていた。

(→カタカナ立地。個性的な店員と個性的な客)

西武の１階やラフォーレ、PARCO、ビブレなどの店では、カップルが目立つ。
ちょっとした食事として、安いがオシャレで、２人で選ぶのも楽しく、２人で交換しながらすすっている。フードコートや食堂街に有るのではなく、１階のコーナーに店を出しているが、両サイドのブティックとすっきり同化している。百貨店の１階にカッコ良く収まるのは、今のところAfternoon TeaとSoup Stock位だろう。マックじゃ無理だ。

(→百貨店・専門店・大規模物件の１階)

広尾店は近くの女子大やインターの学生が常連だが、家庭の食卓のメニューとしてもかなり好評だ。パーティー用のバーレルサイズが出るのもこの立地の特性だ。

(→学校·住宅街)

東急線沿線の店では、特に小さな子供連れが目立つが、ファストフード（FF）には連れていかないが、ここなら安心で満足！という人が多い。また、三世帯家族の主婦が、老人と孫が同時に喜ぶ食事として、このスープは画期的だ！と手放しに喜んでいる。

(子供にも安心な食事！孫から老人まで、幅広い顧客層)

光が丘店は、団地の主婦のパワーに圧倒されているが、最近の主婦は一様におしゃれで、安ければ何でもよいという事ではないようだ。しかし、主婦の需要はやはり強い。

(→住宅集積地)

ショッピングセンターのフードコートでは、食事でも無く、歩き回って小腹が空いた時、このスープは程良い。今川焼きやクレープにも魅力はあるが、涙を呑んで食べない。付き合いで来た旦那は、大体ここに１人でスープをつまみに新聞読んで待っている。
子供はコーンスープさえ与えておけば文句は無い。

(→ショッピングセンター)

百貨店地下の惣菜売場では、アール・エフ・ワンのサラダ屋の横に出店している事が多い。
テイクアウトのカップはしっかりしていて、ボウル紙のホルダーもあるから紙袋の中でひっくり返る事は無い。家で鍋に空けて暖め直せば立派な手料理風。包みをこっそり捨てるのが主婦のコツだ。

(→百貨店惣菜売場)

慶応大学の日吉キャンパス内にメニューを絞った通称キャンパスタイプ第一号店が出店した。この特徴は、学校の夏休みに合わせて店をクローズしてしまう点だ。パートナーもその大学の学生が殆どで、慶応では演劇部とヨットの同好会の部員で例年回している。

(→学校内)

<物販>

Soup Stockオリジナルのスープの缶詰も私はファンだ。
レトルトパックタイプもあるが、ちょっと古臭い感じの缶詰の方がかえって時代の気分。スープを料理のベースとして使う場面でも、レトルトはちょっとね～と思う。

(→楽な商材)

若い主婦が、お中元・お歳暮・お土産をするのに、何ともピンとくるものが無かったが、この缶詰は大ヒットだ。自分の感性にも合いながら、誰にでも恥ずかしくなく贈れるものは、最近Soup Stockの缶詰くらいだ。スープをもらって困る人はいない。

(→贈り物需要)

<オペレーション>

軽い投資と簡易オペレーションが事業的なポイントらしいが、仕込みや調理にはそれなりの手間がかかる。と言っても、従来のFFでは、調理と販売が殆ど同時になされていたが、スープのオペレーション上の最大の利点は、前日のアイドルタイムに作り置きし、一日

寝かせてから、販売時点はただ注ぐだけの超簡単・高速スループットになる点だ。

(→調理時と提供時の、無理のない時間差攻撃)

調理と言っても、70%のメニューは冷凍スープに具を合わせるだけ。残り30%はスクラッチからの作業だが、マニュアル通りに至って簡単に出来る。スクラッチとは言っても、濃縮スープの素などを隠し味に使っているので、スクラッチといえるかどうか。開発当初のプロによる合わせ業の成せる業だ。

(→匠(タクミ)と仕組み(シクミ)の合わせ業)

オペレーションは、基本的に契約社員とパートナーで回せる様な内容となっている。
０．５人店舗と呼ばれるシフトは、社員が１人で２店舗を見る事を言う。殆どパートナーの募集・育成・管理とレジシステムの運用が業務だが、やはりお客様への店の顔としてのアピール度が最重要だ。

(→パートナーによる簡易オペレーション。個性的な社員)

ああ見えても、衛生面は大変気を使っているらしい。スタッフは、頭にバンダナや手ぬぐいを巻いたりキャップをかぶっているが、外食業としては最低限の事だろう。

(→当然のQSC)

<店舗コンセプト>

店のコンセプトは、人に喩えたらしい。化粧気は無いがきれい、オシャレに無頓着だがセンスが良い、流行とは無縁で個性的、素敵な

人がいつも周りに集まる、等など。一見おしゃれで特殊な人に見えるが、この理想的な人物は、老若男女貧富の差別は一切しない。自分へのこだわりは強いが、相手を選ばず差別はしない。
Soup Stockも、シンプルでこだわりは強く個性的。しかし、自分がしっかりしているから、どんな場所にも出て行ける。相手や場所を選ばない。逆に店（オーナー）やお客さんが、各々自分のスタイルに合わせて選んでくる。

（→こだわりは強いが、客を差別しない出店計画）

Soup Stockが、若い人に圧倒的に支持を得たのは、店のスタッフにこだわったからだ。
茶髪だろうが鼻輪だろうが、自分に前向きで個性的な彼らは魅力的だ。カッコよいスタッフのいる店には、魅力的な客が集まり、人が人を呼んで良いスパイラルが築かれていく。
CS（カスタマー・サティスファクション）は、ES（エンプロイー・サティスファクション）が有ってこそだろう。サザビーやフレッシュネスバーガーよりも更にバイトの人気が高い。少子化が進みパートナーの絶対数が減っていく中、この店だけは応募が絶えないだろうと感じさせる。

（→共通感度の人的ネットワーク）

<店舗イメージ>

白と黒をベースにした、極めてシンプルな店舗は、さながら港区あたりの美容室かアパレルのショップを連想させるが、メニューの内容が充実している自信の裏返しの様にも感じられて心地よい。余計

な装飾は、社会悪とさえ思えてくる。

（→低投資で高感度。シンプルな店舗）

ロゴも白と黒で、フォントも普通で、極めてシンプルで無駄が無い。印刷代も安かろう。看板も店も白と黒だと、商品そのものの彩りや、スープの写真などが引き立ってくる。

（→シンプルだと費用も安い。無駄な事はしない。色が引き立つ店舗）

店舗にかけてある、スープを飲んでる顔のアップの大きな白黒ポスターはカッコよい!!　友達はその顔をみて、すぐに有名なスタイリストである事を教えてくれたが、どうやらSoup Stockの関係者の友人達で、各方面で活躍している一流の人達らしい。確かに、ただのモデルを使うより迫力あるし、第一、店の個性というものを感じさせる。

（→店の個性）

このポスターは、１店舗毎に１人ずつ増えて、その店舗の顔となっている。一流建築家やミュージシャン、大学教授、デザイナー、無邪気な子供、家具屋のオーナー、学生、90歳を超したおばあさんなど色々な個性豊かな人達だが、全てモデルではなく、実際にその分野で一流の、或いは普通の人だが魅力的な人達である。この一連のシリーズは、広告・デザイン・アート業界などから非常に高い評価を受けており、将来数が纏まった段階で一冊の本になるらしい。
このポスターに写される事は、今や一種の時代のステータスになったと言える。一見、ベネトンやGAPの広告の表現と似ている。が、裏側に人間が存在しているのが良い。

（→単なる飲食の提供や営利追求だけの組織ではない。

社会を引張り影響を与える)

客席の椅子に、グレーや黒の古い事務用の椅子がいくつかあるのに驚いた。背もたれに、緑色でスプレーされたリサイクルマークで、この事務椅子が廃品利用であることは察しが付いたが、ビジュアル的にも斬新でクールだ。事務椅子は、素材と構造の関係から産廃となってしまう厄介ものらしく、それをタダ同然で引取ってきたらしい。拍手。

(→センスとコストは比例しない)

入り口がスロープになっている店舗が何店も有る。万人が飲めるスープであるし、バリアフリーを意識した配慮だが、出来ない店は通常通りだ。ポーズではない。無理をせず、出来る範囲で出来ることだけやっている姿勢は、見ていて大変共感する。

(→バリアフリー)

scene 2

＜成功の仕組み＞

98年３月に第１号店がオープンしてから、ここまで成功した要因を考えて羅列してみた。

一言で言えば「深さと軽さ」とでも集約できようか。

a) 食事としての美味しいスープ
本来スープとは、奥が深く大変美味しいもの。従来は主役の立場を揺るがさないように脇役として止められていたが、具を携

えて主役として美味いものをきっちり作った。

b) 潜在需要の多さ
Soup for All. Anytime Anywhere. High frequency.
年齢、目的、時間。どれをとっても間口が限りなく広い。人類の最初の食事と言われるだけ有る。

c) 低投資・高感度な店舗
コストとセンスは比例しない。15坪を基準にした小さな規模と低投資であるということは、身軽で無理が生じにくい。小さいという事は「洗練」や「高精度」とイコールでもある。

d) パートナーで出来る簡易オペレーション
従来のFFよりも、調理の部分が多いにも拘わらず、この作業が前日ないし朝の仕込みで全て出来る。やる事自体は簡単でマニュアル通りで出来る。オープンしてからは、唯注ぐだけの簡易オペレーションだ。

e) 早いスループット
注ぐだけのスループットはとにかく早い。メニューも全て単純なセットで、顧客に迷わせる事が無い。セット以外は、コーヒーとペットボトルの水とワイン位だ。

f) スクラッチ感
仕組みと手作りのバランスの良さ。スクラッチから作っていると思わせる。

g) ソールドアウト大いに結構
従来のFFでは売切れはご法度だったが、ここは売切れ御免。その方がレストラン的で自然。ずっと計画を立て易く、ロスも少

ない。

h）低いロス率

煮込めば煮込むほど美味しいスープ。ストックを注ぎ足すタイミングはちょっとしたコツだが、ロスは低い。

＜成功のはらわた＞

a）一種のマイナー性、個人性の見せ方。

エルメスやフェラガモのようなファミリーは、世界の百貨店やS.Cで販売しているが、それでも極めてマイナーな存在だ。

IBMがソフトの分野に参入した時、マイクロソフトの社員は「IBMは組織でやってくるから、全く驚異は感じない」と平然としており、依然同社の独裁は続いている。

大企業の組織が作った洋服やゲームソフトや食事を、進んで好む人がどれだけいるであろうか。嗜好品は、個性から産まれる。マイナー性を維持する事と、数の拡大とは別の次元のもの。

b）普遍性と創造性のバランス。

前述のSoup for All. Anytime Anywhere.が普遍性。

日本に於いて、最初にスープを食事にして、顧客・市場を創り出したのが創造性。

高度成長期には、ニーズを探して、そこに商品を提供する事で拡大できた。しかし市場自身の拡大が無くなった現在のビジネスは、人のマーケットを奪うか、自ら創り出すかの二者しかない。後者の場合も、動きの早い現在の市場の顔色を窺いながら

創っていても、何時まで経ってもいたちごっこで、市場に追いつく事すらできない。

砂漠の真ん中にできたラスベガスや、24時間営業のコンビニは、砂漠や深夜に客がいたからやったわけでは無い。市場は意志を持って創り出されるものである。

「売れるもの」を追いかけるのではなく、「売りたいもの」を創造すべきである。

＜2002年拡大の様子＞

しっかりとした個性とこだわりを持った商品と店舗とスタッフによって、何処にでも、誰を相手にでも出店できる自信がついた。ブランドが少しでも認知されてくると、色々な情報や提案や人が集まる様になってきた。

a）店舗は、40店への道のりが充分見えてきた。平均@600万円/店/月で30億円/年。

これ以上の店舗は、重くなるだけなのでそろそろ打ち止めだ。

（→MAX40店舗程度）

b）店舗での販売以外に、物販・通販・コントラクトフードなど、様々な展開がなされ、Soup Stockのブランドの数も４つになり、全体で60億円程度のビジネスが見えてきた。

①物販の普及版ブランドであるSoup Stock[ANYTIME]は、個食用簡易レトルトの商品で、従来のメーカー品より１割程度高い設定だが、コンビニやスーパー等でよく売れている。インスタントスープの市場規模は1200億円程だが、キャンベルや味の

素があくまでインスタント的なメーカーであるのに対し、Soup Stockは、その出生がスープ専門店である。ショーケースとして店が存在しているから、これは他には無い、基本的かつ重大な差別化となっている。

(→廉価版ブランドのコンビニ、スーパーのルート)

② JALの機内サービスのスープとして開発したブランドがSoup Stock[ON THE SHIP]。搭乗後すぐに、「コーヒーかスープいかがですか?」という例のやつだ。当時もスターバックスがエアラインのコーヒーに採用されていたから、その様な発想だが、キャンベルや味の素のクノールではちっとも美味そうじゃない。

ちょっと一杯飲むコンソメは、本来塩分を控え、薄味にした方が良いのだが、ブランドが無い時分は「薄くて不味い」と言われるのを避けて濃く作っていた。今は好評だ。

(→機内食への可能性)

③ Soup Stock[ON THE SHIP]は、JALの機内誌の通販の商材にもなった。これも、マイナー性を維持していたからこそ採用になったものだ。通販には、「誰々の○○」とか「神戸の何処の○○」とか、大企業にはない枕詞が必要で、しかしながら実態は、遅延と欠品の無い企業体力を要求される。「日本で最初にスープを食事にしたSoup Stockが、JALの為に、特別にオリジナルレシピを提供してくれました」の枕詞と、バックがKFCである2点があっての採用だ。

(→通販での拡大)

④ 病院食や高齢者向けに開発したブランドがSoup Stock[UNIVERSAL]。

コントラクトフードとして病院や施設に安定的に卸しているが、小売りを希望する声も多い。高齢者市場が拡大している事を実感する。

(→高齢化社会で、最もフィットした食事)

⑤ 幼児向けの離乳食であるSoup Stock[AT FIRST]はスーパーでの小売りが中心。

ガーバーとキユーピーの寡占的市場に新規参入し、若い主婦からの支持を得てきた。生まれてきた生命の最初に出会う食事を預かるのは大変名誉なことであり、また一生のファンとなってくれる事を願って、最も繊細な注意を必要とするブランドとなった。

(→離乳食市場)

c) ロッテリアでハーゲンダッツを売っている様に、KFCの店舗でSoup Stockブランドのスープが扱われたのも、マイナーなイメージを残しながらも信用力を増し認知度を高める絶好の機会になった。後で聞いたが、どうやらKFCは親会社らしい。KFCもナカナカヤルナと感じた。

(→KFCでの採用)

d) 40店舗のうち、70%がFC(フランチャイズ・チェーン)だ。
FCの名前を聞いて腰を抜かした。1社は、競合とも言えるササピーだ。

彼らは、KFCが母体と知って、仕入・物流・情報システムなどの近代経営に近づこうと考えた。Soup Stockは彼らの個性と、百貨店への出店実績を評価した。

もう1社は、なんと劇団四希だ。劇団の経営の実態が厳しい事を知ったSoup Stock側が声をかけたものだが、駆け出しの劇団員からは、並々ならぬ自己実現の為のパワーを吸収している。彼らの働きぶりは特筆に値する。

もう1社というのが、九州地区の展開で、なんと大分県がFCだ。知事が、民活や市場原理を行政も肌で感じる必要を説き、3セクを作って乗り出し効果も上々のようだ。


(→FC展開)


e) スープを始めて5年が経ち、スープとは別の、併行してスタートさせたコンセプトが2つ出来た。

1つ目は、野菜と果物のスタンド「+Vegi」だ。Soup Stockで出会ったパートナーと共に、コンテナ程度の低投資で路面やフードコートに出現する。今や、消えてしまった町の八百屋さんの後を引継ぐように、安全で新鮮な野菜を売っており、主婦からも大いに信頼を得ている。20店も出店すれば充分。彼らは、自分たちが仕掛けた事に興奮し、誇りを持っている。今や1コンセプトで1000店になるようなものは無いし、そんな数を追うだけの事は意味が無い。大きくなりすぎると、相対的に自分の割合が薄まるし凡庸になる。経営が重くなる。

2つ目は、人材派遣業だ。彼らの仲間は、専門性と感性を持ち、他から見ても特化したものに映るようだ。人材を派遣する事で、Soup Stockファミリーがどんどん増える。


(→1つだけでなく、併行して次のコンセプトを模索する)

＜本当の狙い・目標＞

最も重要で、達成したいと考える事は、「感度を共有した、組織・顧客・パートナーの確立」である。

例えば、サザビーという共通の感度を持った、組織のメンバーやパートナーやお客さん(ファン)の集合体が一度確立されれば、それを分母として、分子にはバッグ、洋服、カフェ、レストランなど、アイテムは時代や自分(会社)のキャパに応じて変化していける。

重要なのは、その共通の感度・コミュニケーションを創り上げ、時代を超して維持発展できるかである。出来ている間は、非常に強く結び付いた需要と供給を一緒に持ってしまった事になる。

ナイキ、良品計画(無印良品)、東急ハンズなども、もはや変化して行ける素地を持った総合体だと思う。良品計画が民宿を経営したら、泊ってみたい。東急ハンズがハウスメーカーになったら、購入する人のタイプが頭に思い浮かぶ。ベネトンや資生堂が老人ホームを始めたら、将来お世話になるだろう。


Soup Stockは、スープを売っている。

しかし、スープ屋さんでは無い。

スープは、感度やコミュニケーションを共有し、共感する一つのアイテムである。スープをフックに、ある程度の共通感度を持てば、次に展開する分子は、ジュースバーやレストランかも知れないし、農業や、ボランティア団体を組織するかもしれない。レコード屋と航空会社が無理なく同居している例を想像すれば、大抵の事には驚かないだろう。


もう一つは、現代の若者と企業とを、うまく融合させる仕組みだ。

今の企業と現代の若者の間の、互いの隔たりは凄まじい。両者とも、各々相手を全く認めていない。

どちらかが偉い訳でもない。互いの良い点だけを引き出して、ビジネスに乗せていく。ビジネスの内容は、古くから有り、古くなったままのビジネス、八百屋でもメーカーでも、全てが対象となりうる。

＜ベンチャー＞
Soup Stockは、当時KFC70％、三菱商事20％、そして三菱商事から出向している担当者２名が５％ずつを出資して作った3000万円の会社だ。今では特に珍しくはないが、当時は、日本たばこ産業が社内ベンチャー制度としてシガーバーを事業化させた折り、提案者の社員が９％を出資したのが目新しい程度だった。
2004年の店頭公開も射程距離に入ってきた。スターバックスコーヒーのように、社員全員にストックオプションの権利を与える制度も概ね整った。夢を共有し、実現に向けて走る為の合理的な考え方だ。

（→ともあれベンチャーを実行してみる）

＜思い起こせば＞

Soup Stockの成功は、当時のTOPの英断に他ならない。

日本で初のコンセプトであり、サイドディッシュを主食に替える新しい食文化の提案は、否定的な意見を言い出せばきりがなかったし、当時は会社が、社会全体が湿り気のムードだった。

しかし、英断によって、暗かった社会に、小さいが元気で暖かい炎を灯すことができた。

炎は、今でも小さなものだが、この炎を大事に大事にしてくれる人達が出来た。


炎をみて、それに続けと自ら手を挙げる個性がいくつも現れた。

大顔原社長は、そんな提案をぶつけられるのがとても楽しみだ。

今でも350ccのスープとパセリィライスを平らげては、こっそりベルトを緩め、彼らの興奮した顔を見ては頬を緩めている。

以　上

このストーリーはフィクションであり、登場する人物は全て架空のものですが、現存する方々と酷似しております。

〆

日本ケンタッキー・フライド・チキン（株）
担当：遠山 03-0000-0000
岡本 03-0000-0000

第二章　Soup Stock Tokyo の誕生

TOPの英断

この企画書を、まずは和田専務に読んで頂き、大河原社長への道をつけて頂きました。私がもともとKFCの社員であったなら、社長にプレゼンしたい、などと大それた行動はとれなかったでしょう。私は大河原社長をはじめ、当時の三菱商事の外食事業ユニットのマネージャーで、今はローソンの社長である新浪さんにも事前に企画書を渡しておき、プレゼンテーションの当日を迎えました。

プレゼンとはいっても、あらかじめ読んでもらっていたので「いかがでしたでしょうか。なにかご質問はございますでしょうか」という調子ではじまりました。

私がいくつかの質問に答えると、大河原社長が言いました。「面白そうじゃないか。検討してみよう」。バブルははじけ、社会は閉塞感に満ち、だれもが内面で塞ぎこんでいる時代でした。現在の延長線上に未来は無い、しかし何をすれば良いのかわからない、失敗もできない、そんな頃でした。

しかし大河原社長は、いつの時代も、なにか新しいものにチャレンジすることに目を輝かせている方でした。「スープのある一日」の最後に書いていた「Soup Stock の成功は、当時のＴＯＰの英断に他ならない」というくだりは、まさに現実になりました。

　他の人に読んでもらったときには、全く冷ややかな反応もありましたが、ゴーサインをもらった以上、成功させねば、と強く思いました。

　プロジェクトは、新規事業部のメンバーである、坊野部長、石川次長、女性の綿貫さんと私、そして部外の岡本君とで検討をスタートさせました。

無添加のスープ

　スープは無添加でいこうと、はなから決めていました。

　というのも、私のひとり娘がアトピーで大変だったからです。産まれて直ぐに、顔や身体の所々が赤い湿疹で覆われ、それを掻きむしって血が滲んでいました。娘は痒いとか、痛いとかの言葉は持っていませんでしたが、全身で泣いてそれを伝えようとしていました。

　家内は娘を母乳で育てていたので、アレルゲンが特定できなかったことから、厳しい食事制限をうけることになりました。制限されていたのは大豆、牛乳、米、卵などであり、大豆がダメだと醤油もダメ、油もオリーブオイル以外はダメ。ということは、何を使っているか判別できない外食や惣菜は、ほとんどのものが口にできませんでした。お蕎麦屋さんに寄ったときは、ざるそばに塩を振って食べていました。

そんな状況だったので、我が家ではアレルゲンに気をつけるだけでなく、成分表示を見て、なるべく無添加のものを選んで購入していました。家内は、安心して食べられる外食に対するニーズは必ずあるはず、と訴えていました。

ですから、「無添加のスープ」というのは、私たちにとって、ごく自然な入り口でした。しかし、自然な入り口も、入ってみると、それは大変困難な険しい道であることを日々痛感するようになります。それほど、世の中の加工品には色々なものが入りこんでいました。「無添加」の基準は見解で分かれるのですが、疑わしきは全て排除することにし、その後も愚直なまでにつき進めて、現在に至っています。

一方、その頃通ったナチュラルフードのお店は、もう一つ好きになれません。ナチュラルであるために味や色気は二の次、或いは悪者とすら思わせる店が多いと感じました。

私たちは、ベジタリアンでもナチュラルフード信者でもありませんでしたし、ちゃんと美味しいものを食べたい。ちゃんと悦楽的でありたい。そのことと安全、安心は共存できるはずだと思っていました。そのスタンスを大事にしようと思いましたが、それをファストフードで実現していくことは苦行の如き行為であり、それ自体がスープストックあるいはスマイルズの心棒となっていきました。

『無添加　食べる　スープ』。短い言葉ですが、私たちの思いやスタンスが凝縮し、物事に真摯に向き合う責任と覚悟をコミットする言葉となりました。

テストキッチンでの奮闘

メニュー開発に関しては、私の個人的な知人であった料理研究家の河合真理先生にお願いしました。河合先生は料理研究家の阿部なを氏を祖母に持ち、和をベースにしながらもニューヨークでの飲食店経営などを経て、自然素材を最大限に活かす、ナチュラルで魅力的な料理を作られている素敵な方です。実は先生もアトピー性皮膚炎ホルダーのため、化学調味料が使われているものを食べると喉の脇のあたりがぶつぶつしてくるということで、無添加に対する考え方もピッタリでした。

河合先生は、ある種の味を悪い例として「ホテル味」と称しました。

アメリカでファストフードが広がったとき、そのスープは安くて、個性がなく均一的で、悪くならないように色々なものが注入された、油っぽいものでした。ホテルですら、ティールームなどではそのような、バターの味が濃くて素材の味など分からない均一的なものが横行していたのです。「ホテル味」とは、高い期待を寄せているホテルに対し、愛情のこもった皮肉としてそのように呼んでいたようでした。ちなみに「ファミレスのスープというようなものですか」（ファミレスさんスミマセン）と聞くと、「多分そう。ファミレスのスープは飲んだことがないけど」と言っていました。

私たちは、ホテルのフェアの「世界のスープを集めました！」みたいなのはやりたくないよね、と言っていました。もちろん、世界の先達の知恵は貴重です。でも、世の在りモノを集めてくるのではなく、生活の中で気になる料理や素材や気づきなどをスタート地点に置いて、その時代の空気を内包した、スープストックらしいものに作り上げていきたい。このようなことは、試作品や素材を見ながら、何度も何度も話しあいました。

スープの試作会は、毎週火曜日の午後、ＫＦＣのテストキッチンで、結局一年半の間続けられました。メニューのアイディアを出し合ったり、みんなでスーパーに材料を買い出しに行って調理をしたりの手作業を繰り返しました。

毎回買い出しに行った後は、私が玉葱を大量にみじん切りする係です。包丁を二本持つ方法や、スライサーやチョッパーなどの用具も試しましたが、どれもみじん切りの辛《つら》さを救う決め手にはなりませんでした。どんなスープを作るにしても、大抵の場合、玉葱のみじん切りは避けられず、いつも泣いていました。

試作の初期段階では、たいてい私がおかしな提案をしてみんなが困る、という感じだったでしょうか。たとえば「練りバナナなんて、どうかな」と。練りバナナなんていうものはそもそも存在しません。あるいは、おはぎの中のもち米のような食感がスープの具材に実現できないかな、とふと思ってスーパーでおはぎを買って帰り、みんなが呆然としたこともありました。河合先生はユニークな方で私は不思議と息が合い、意見も随分聞いていただきましたが、練りバナナとおはぎに関しては、あれはわからんと未だに言われます。

スープのベースを作ってもらうメーカーさんの、フランス料理出身のシェフもメンバーでした。素人の私の訳のわからない提案に、相当困惑していたようです。しかし、大抵のものは、そんなものはダメだと端から否定せず、どんどん試作するようにしました。

日本の業務用スープは、コーンスープが圧倒的なシェアを占め、次がミネストローネです。しかし私たちには、スッキリと優等生的なスープを並べるという考えはありません。実際にスープストックでは、純粋なコーンスープは未だ店頭に出していませんし、後に出たミネストローネも一味違った作りです。

予定調和的なものに興味が湧かないのは、タイル作品の制作でも感じていました。

何枚もの四角いタイルにひとつひとつ抽象画を描き、それを組み合わせてひとつの作品を仕上げますが、そのとき「こういうものを描こう」と思って描いたものは、そういうものになります。自分の想像を超えるものにはなりません。一方、無心に作業を重ねていったときや、嫌いだった一枚を無理やり合わせてみたときに、アレッと声を出したくなるようないいものが出来たりします。私はそれを「抜け感」と呼んでいます。

失敗は多くても試作に狂うなかで、傑作というものがポロリとできるものです。

色々なスープを作りました。

例えば、オニオンスープ。私たちは定番のオニオングラタンスープと考えずに、玉葱から発想しました。そして、以前行った、ニューヨークで百年以上営業しているステーキハウス「ピータールーガー」のサラダを思い出しました。厚切りのトマトに厚切りの玉葱が重ねられ、ステーキソースがかかって、それをナイフで切って食べるものです。ステーキのことは忘れても、そのサラダは強烈に印象的でした。その相性を信じて、オニオンスープに厚切りのソテートマトを乗せ、クレソンを添えました。

また「魔女が大きな鍋をかき回しているような、真っ黒なスープが飲みたい」というイメージから始まったものもあります。黒い食材といえば、まずイカスミ、そして黒豆はどうだろう、胡麻も使えるんじゃないか、ひじきもあるね、などと試作を重ねて、魚介とトマトをベースにした見事に真っ黒な〝ひじきとイカスミのブラックスープ〟ができあがりました。

これは隠れたファンのいる素晴らしいスープとなりましたが、食べると大胆なお歯黒になるので人気はありませんでした。私は「売れないがウマイ」と言っていました。お店でも限られたスープジャーの一つに選ばれる機会が少なく、なかなか店頭に出にくいのですが、たまにストアマネージャー（店長）が並べてくれます。うちの十一歳の娘は大好物で、あると必ず頼みます。

また、いいスープに仕上がったのに、メニューから落とさざるを得ないものもいくつもありました。ひとつは〝メロンとトマトのデザートスープ〟。赤い色をした冷製スープで、なぜかスイカのような味がして、特に河合先生と私はとても気に入りましたが、時間がたつとスープが分離し、ベストの状態をキープするのが困難であったため、販売後すぐに打ち切りました。

〝サツマイモのデザートスープ〟は、サツマイモを蒸《ふ》かして塩を振り、低脂肪牛乳を加えてミキサーにかけ、蒸しリンゴを加えただけの極めてシンプルなデザートスープです。黒胡麻とミントの葉をトッピングして、非常に甘いが爽やかで、砂糖も加えないナチュラルで「罪悪感のない」デザートスープができましたが、傷みも早いと推察され、安全第一で却下としました。

評判が悪かったのは〝マグロとわさびのスープ〟です。これもコールドスープですが、あぶった切り身マグロと、すりおろしたわさびを材料にしたものです。マグロ茶漬けからきた発想でしたが、相当微妙な味でした。商品にはなりましたが、すぐに販売中止となり、惜しむ声はゼロでした。

試食会では、いつも膨大な量を食べました。

「〝ビーフバリー〟の肉が獣臭い」「〝わたり蟹のスープ〟はヘビーすぎてソースのよう。このまま全部は飲めない」「〝わたり蟹のスープ〟に色々いれた具材のうち、タピオカは蟹のタマゴのようで不気味」「〝チキンバリー〟は給食風」などコメントを出し合い、何度も試作をしていきます。果てしない作業のようでした。

核になるスープ〝東京ボルシチ〟も、こうした試行錯誤の中から生まれました。

私は子供の頃の初めての外食が、両親とでかけたロシア料理店だったという思い出もあり、ボルシチに対しては、ぜひ作りたいというこだわりがありました。ソースがかかったようなビーフシチューは、どこか気取ったようで嫌でした。

でも、ビーフシチュー的な役割も担ってもらいたかったので、スープストックのボルシチは、本場ロシアのピンク色でサラサラしたものではなく、京橋の洋食屋さんで出てくるようなものをイメージしました。レンガ色で、ドロッとしていて、大きな具がゴロリと転がっていて、レモンの輪切りとサワークリームがトッピングされている、そんなイメージです。

ところが、実際に作ってみると、なかなか求めた味には出会えませんでした。そこで、とにかく玉葱をこれでもか、というくらいに炒めて甘さを出すようにしてみました。そのタップリの飴色の玉葱を活かしてスープを作ると、やっと力強いコクと丸みが出てくれました。シェフは甘すぎると言いましたが、トッピングをレモンとヨーグルトにして、完成度の高いものができあがりました。その甘みは、今でも砂糖を入れていると思っているお客さまもいるようです。

ところでボルシチというのは、ボル（＝赤カブのビーツ）＋シチ（＝キャベツ入りのスープ）のようですが、私たちが開発したボルシチには、実はどちらも入っていません。それなのにボルシチと名のっていいものだろうか、という議論になり、ネーミングは〝東京ボルシチ〟としました。

〝東京ボルシチ〟はスープストックの看板商品となりました。

その後、主力商品には〝東京ミネストローネ〟〝東京参鶏湯《サンゲタン》〟〝東京トムヤムクン〟など、「東京」の冠がつき、どれもちょっと天邪鬼《あまのじゃく》な、スープストックらしいシリーズとなりました。特に商品部の桑折が作った〝東京参鶏湯〟は、その独特の鶏肉の食感や味わいによって、〝東京ボルシチ〟〝オマール海老とわたり蟹のスープ〟を凌駕《りょうが》しそうな勢いの主力商品となりました。

ニューヨーク出張

「スープのある一日」を書いていた頃、ニューヨークでスープ屋が流行《はや》っている、と飲食関係の専門誌に記事が掲載されていました。記事では、行列シーンの写真とともに、今やスープがニューヨーカーたちの人気のランチなのだとレポートしていました。スープが食事になりうること、流行っていることなどがわかり、大いに勇気づけられました。私はニューヨークにいる知人に頼んで、さらに情報を集めました。

そして私たちは、ニューヨークのスープシーンを視察に行くことにします。

この出張には、河合先生、岡本君をはじめ、厨房メーカーさんやスープメーカーさんにも同行してもらうことになりました。

「スープキッチンインターナショナル」や「デイリースープ」、「ヘール&ハーティー」などのスープ店から、何度かに分けて四十種類ものスープをテイクアウトしたものの、試食を始めて早々に飽き飽きしてきました。スープばかりなので飽きるのはもちろんですが、それに加えて、クリーム系かトマト系の豆のスープばかりで、どれも同じような味なのです。ゆるいパスタが入っていたり、缶スープを連想させるものもあります。河合先生は、試食はほんの舐める程度で、すぐに戦線離脱しました。

外人さんが並んでいると店の雰囲気は陽気でよいのですが、オペレーションは大雑把な印象です。冷凍スープもありましたが、残ったスープをテイクアウト用のカップでそのまま緩慢冷凍したように見え、大丈夫かい、と思いました。

スープ店という業態が存在し、行列になっているのには勇気づけられ、テイクアウトのカップも参考にしましたが、私たちの一致した感想は「もっと、ずっと良いものが出来る」ということでした。

「秋野つゆ」という人

メニューをはじめ、店舗イメージやそのほかあらゆることを創り上げていくには、チーム全員がスープストックのコンセプト・イメージを共有する必要があります。「スープのある一日」は、シーンや事業性について書いていましたが、さらに「感度」を共有したい。感度は、味はもちろん、インテリアやグラフィックなどにも幅広く関連してきます。

そこで私は、一人の女性の人物像を描きました。「秋野つゆ」です。

Soup Stock Tokyoとは……

Soup Stock Tokyoを、「秋野つゆ」という
人物（フィクション）に置き換えて考えてみました。

Soup Stock Tokyoの
　メニューは………彼女が作る、あるいは好むメニューです。
　インテリアは……彼女の性格をそのまま現したようなものです。
　お客様は…………彼女の友達、彼女を慕って集まってくる人々です。

▼

Soup Stock Tokyoの目指すものは………彼女の目指すもの、理想そのものです。

名　前　秋野 つゆ
性　別　女（37才）

性　格　おっとりしているがシッカリしており、自立している。

タイプ　人の事はあまり気にせず、個性的。人と同じ事は、恥ずかしいこと。

あまり、細かい事は気にしない、大雑把。しかしこだわりは強い。

知的で、多くを語らない。

周りより、自分に興味有り。

評　判　「化粧気は無いのに、きれい。オシャレに無頓着なのに、センスがよい。」

「プールに行ったら、いきなりクロールをしていた！」

「装飾的なもの、ファンシーなものは苦手で、シンプルを好む。」

「とにかく、この人のやることは、無理なくすっきりとカッコいい。同性からも憧れられる。」

「素敵な人がいつも周りに集まっている。村上里佳子は親友らしい。」

「あの、ふとした笑みが、何とも良い。」

信　条　「こうじゃなきゃいけない」という考えは、持たない。

歴史に敬意をはらいつつも、未来に興味あり。

料　理　手軽でぶっきらぼうな料理ながら、ウマイと大評判。

国籍の偏りはなく、自分が判断する。あえて言えば、やはり自分が育った和食がベースか。おばあさんの影響大。

斬新な組み合わせも辞さない。

素材の味を活かす努力は、素材に対する礼儀として当然のスタンス。

子供が産まれてからは、特に素材や調味料に気を配るようになった。

たまに気楽な料理でパーティーを開いて、皆でワイワイやるのが楽しみ。

椎名誠は、かつおの刺し身と彼女の料理のファン。

昨今の有機やヘルシーブームには、若干の違和感を抱きつつも、やはり自然で安全なものを求む。しかしあくまですっきりした美味しさが一番。

グルメでも、健康マニアでもない。

人をもてなし、喜んでもらい、コミュニケーションするのが嬉しい。

理　想　①個性的で魅力的な人、凄い人、圧倒的にチャーミングな人などと出会う事。
②その人たちと共有する考え・感性を具体的な形で社会に投げかけ、個人や、個人の集合である社会に対し、少しでも充実する様な提案をしていく事。

秋野つゆの、料理の嗜好と指向

× ホテルの高級レストランにはあまり行かない。
行っても、丹念に灰汁をすくい続けた2300円のダブルコンソメはオーダーしないだろう。
そもそも生活の中に、高級ホテルに行く機会も動機も金も無い。

○ シェフの味は勿論立派だが、生活の中にある、家の食卓で出せるようなものを食べたい。シェフの代わりに、自分で、大胆に、楽しく作る。
みんなが美味しい！と言ってくれるものを、工夫してガンバッテ作る。
そうして、そこに新たなコミュニケーションが生まれると考えている。

× トリュフ、フォアグラ、燕の巣、霜降り松阪牛、大とろ･･･
食べれば美味しいのだろうが、食べる機会も無いし、どこに売っているのかも分からない。人から頂いても子供と食べる気にならない。

○ 舞茸、レバ焼き、ところてん、もも肉、赤身･･･みんな大好き。
高級なものに頼らず、生活の中に有る、新鮮で、旬な素材を使う。
但し、見た事がない、怪しい素材には大いに興味がわく。好奇心旺盛。

× フレンチ、イタリアン、日本料理、無国籍料理･･･
色々な文化や歴史に身を浸す事も重要だとは思う。

○ でも、国やしきたりに囚われず、周りに迎合せず、取り入れるものは取り入れ、自分で作って、自分が美味しく思えるものを試す。
基本とチャレンジを、バランスをとって展開する。

× 「脂」は字の如く「旨さ」だとは思う。
バターも、おいしい。

○ でも、やはり油は控えておく。
使う油は、オリーブオイルだけにしておく。

× 保存料、合成着色料等は避けたい。アミノ酸も子供には控えたくなる。

○ この際、出来るだけ、避ける様に頑張る。

商品ができるまで

ここまでの話だと、商品開発はワイワイガヤガヤと楽しそうに見えますが、実態は商品として成立させるための仕組み作りなどの厳しさ七割、こだわりやクリエイション六割（十割を超してしまいましたが……）といったところです。

二〇〇六年現在では月三十万杯のスープをお客さまに召し上がって頂くようになりました。この三十万杯は身体の中に入るものであり、単なる嗜好品としてお客さまの好き嫌いに応えればいいというものではありません。

スープは静岡市清水区にあるK社で、ベースを作ってもらっています。清い水を日本中に求めて、静岡県の興津川の上流に拠点を構えた会社です。興津川は鮎が有名な日本有数の清流です。

K社は、本当に真面目な会社で、一流レストランのシェフが手鍋で行うような作業を、少し大きな釜で同じように丁寧に行っています。傍からみると、かなりのローテクとも言えるわけですが、化学調味料やエキスを使用せず、「調理」を行っている会社は、日本ではもう数える程しかありません。

さて、K社ではどのように我々のスープのベースを作るのでしょう。

〝東京ボルシチ〟用の玉葱を、朝から手作業でカットしている部屋に入ったときは、すぐに涙が溢れ出てきました。カットをしてくれているおばさんに慣れるものかと尋ねると「慣れる訳ないじゃない！」と怒ったように笑って泣いていました。そしてカットした玉葱に、異物が混入していないかを、目を凝らして泣きながら再度チェックします。ちなみにゴーグルは曇るからダメだそうです。

　他の野菜もどんどんカットされていきますが、皮を剥《む》いたり、セロリのすじを取ったりと下準備は膨大にあります。玉葱はその後約三時間、飴色にとろとろになるまで炒めます。そういった基本中の基本作業をしっかり行います。

〝酸辛湯《サンラータン》〟は、直火の釜で、ゴマと唐辛子を煎《い》ることから始まります。材料を合わせる順番、そのときの温度、調理する人の体調にも気を遣いながら、常に一定の高品質を維持します。

　エキスや香料や化学調味料を使わない、自然の素材だけでつくるスープですから、その素材の状態によって、作業は大きく変わってきます。大きな釜で仕上がったスープが、定めた水準に達していなければ、釜ごと出荷されないこともあります。自然の素材には同じものは二つとなく、状態を見極めるのが難しいところです。

　また、一番人気の〝オマール海老とわたり蟹のスープ〟は、高品質の素材を確保することが非常に困難です。というのも、オマール海老は大変デリケートで、養殖ができません。

スープストックのオマール海老は、世界三大漁場のひとつであるカナダのプリンスエドワード島から取り寄せています。オマール海老の水揚げに立ち会うため現地に行きましたが、青い空、緑の草原と蒼い海しかない、素晴らしいところでした。

オマール海老は、夏になると活発に動き回り、身がやせてしまうため、最高の状態である夏前の時期が年に一度の漁獲の機会で、その他の時期は禁漁になります。

私たちが港に着くと、次から次へとオマールを漁獲した船が入ってきました。漁師は木製の手作りのトラップ（罠のかご）を小さな船に積み込み海に出ます。船ごとにトラップを五十個ほど仕掛けますが、一つのトラップにかかるオマールは一晩で三匹程度。漁師は水揚げしたオマールがまだ幼い場合は海に戻します。とても貴重な食材だけに、むやみに獲らないというルールです。

陸では、漁師のおかみさんたちが一斉にオマールに取り掛かります。海産物は鮮度が命。カナダ人の陽気なおかみさんたちは、ものの二、三秒で、暴れるオマールの頭をもいでいきます。水揚げされたオマールから肝心のエキスが流れ出てしまわないよう、おかみさんたちのもぎ方には、ミソをこぼれ落ちさせないコツがあります。レクチャーされつつ、私もやってみましたが、大きな生きたオマールがばたばた暴れ、全然うまくいきません。

おかみさんたちは陽気にどんどんもいでいき、そして直ぐに急速冷凍します。日本に届いたオマールは、K社の調理場で砕かれ、VSOPのブランデーと共に炒められます。その後野菜と合わせてから綺麗に濾《こ》され、具材にこれまた生きたままのわたり蟹から取られた蟹肉が加えられ、〝オマール海老とわたり蟹のスープ〟が出来上がるのです。本当に贅沢です。

また、私たちは良いものを追求するだけでなく、安全性を確保するためにも必死になっています。スマイルズの商品部は松尾ジェネラルマネージャーが責任者ですが、その手綱は厳しいものです。社内だけでなく、安全には最大限気を配っているK社に対しても、どんどん指摘しています。この分野には「完全」はない、高い機械を買ったから安全になった、などと慢心したらそこで終わりです。

もちろんスマイルズとK社は別々の会社であり、通常だと発注者と下請けという構図になりますが、私たちはより良いスープのために、お客さまのために、お互いに足りない部分をどんどん言い合うことを約束しています。K社からも「レードルの持ち方がなっていない」「あちらとこちらの布巾は色を変えるべきだ」など具体的な意見をもらい、改善してきました。

K社との協力関係をさらにいい形で深めようと、ビデオも製作しました。うちのスタッフにはメーカーさんの苦労を、メーカーさんには店での出来事を知ってもらうためです。心地良い音楽に乗せたイメージビデオですが、同じ割合で互いの紹介をし、最後には私と先方の社長が、興津川のほとりのバス停に座っているシーンで終わります。いつも玉葱を大量にカットしてくれている方もビデオに麗しく登場して、本人たちも驚いてくれたことでしょう。

私たちがお客さまに提供している商品は、その玉葱をカットしてくれている人や、カナダでオマールと格闘する漁師さん、清水で鍋から目を離さず灰汁《あく》をすくっている人たちが丁寧に作ってきたものです。お店でスープを仕上げて提供する私たちは、言ってみればリレーの最後のバトンを握った立場。リレーの最終ランナーが一番ゆっくり走っているなど、許されるわけがありません。

名前、ロゴ、インテリア

「スープストックトーキョー」という名前は、分かりやすい、シンプルなものとして決めました。スープストックとは、英語で「スープの素」という意味の一般名詞です。まさに直球の名前です。ただしそれだと、固有名詞である店舗名としては認められないので、トーキョーをつけました。

ロゴもシンプルにしました。

在りモノのフォントであるTimes New Romanをそのまま使い、色は墨一色としました。せっかくスープに色があるのだから、それを際立たせるために、マーク全体も墨にして控えました。

当時は、ファストフードなどの飲食店では、黒いマークは常識外と言われており、実際に、黒いマークを使っているお店は見当たりませんでした。それが今では、色々な店で使われるようになっています。

インテリアも、木やガラス、ステンレスなど素材のもつ色のみで、意味のない染色は止めました。お店のリーフレットも、まさにスープの色だけで、あとは文字も含め余計な色は使用せずに作っています。

スープのカップも、極めてシンプルにしました。白いカップに黒いスープストックのマークが一つ入っているだけです。しかし、私はどこか天邪鬼なところがあり、マークをほんの少し上に付けました。

カップのストライクゾーンの位置そのままだと、金太郎の前掛けのような気がしたので、ちょっと上にツレちゃったような位置につけたのです。ユニフォームのTシャツのマークも少し上寄りです。古着のTシャツなどで版がずれてしまったような、バランスを欠いた位置です。

しかし、カップのマークの位置は、結果として失敗でした。というのも、スタッフはカップにスープを注ぐとき、マークが目に入り規定の位置よりも多く注いでしまう、ということが判明したのです。ですから、今では残念ながらマークはちょうどストライクゾーンに収まっています。

意外な第一号店

プロジェクトにゴーサインをもらってから、メニュー開発、店舗イメージ制作などと並行して、出店場所の検討を始めました。プレゼンのときに提出した事業計画書では、第一号店の候補をいくつかに絞り込んで設定し、投資金額、損益構造、回収期間などを算出していました。

スープストックをオープンするべき場所は、「秋野つゆ」が行く街として、私たちは恵比寿、青山、六本木のアークヒルズ、赤坂周辺を選びました。

恵比寿と青山は高感度な女性が集まる街として、そしてアークヒルズと赤坂はオフィス街という立地を意識していました。しかし物件をあたり、立地環境をリサーチし、検討を重ねていく中で、意外な出店案がもちあがりました。注目のお台場に新規オープンする予定の、女性をターゲットにしたショッピング・モール、ヴィーナスフォートです。

正直、最初は乗り気ではありませんでした。というのは、自分の生活の範囲内では行かない場所だと思ったからです。私としては、恵比寿か青山の駅から少し離れた、ちょっと静かになったあたりに一号店をおきたい、というイメージがありました。しかし、それでセールスが取れるかという不安もあります。一方ヴィーナスフォートは、マスをターゲットにした商業施設ですから、セールスがとれ、認知を広げるにはこちらだと思いました。結局、ヴィーナスフォートで行こうと決めました。

しかし、ヴィーナスフォートに入るのは簡単ではありませんでした。株式会社ヴィーナスフォートや森ビル都市企画株式会社の責任者へのプレゼン、会議、そして試食会が、何度もおこなわれました。

森ビル都市企画の頭山常務には本当に絞って頂きました。最初の試食会は、雑誌『料理王国』の齋藤編集長などウルサガタ?の専門家の方々十名ほどがズラリと並び、緊張の会となりました。

結果はさんざんでした。「このままのコンセプトであれば、スープストックはヴィーナスフォートには不要。イメージがまったく伝わってこない」「本気での挑戦にしては迫力不足」などなど、完全に否定されたのです。

次の試食会までの数ヶ月は、本当にパワーをかけてスープを見直しました。スープのベースもアイディアも、何度も替えました。そして、ついに来た二度目の試食会。

前の打ち合わせが延び、遅れて到着した頭山常務に、全員の意識が集中します。

頭山常務が最初に口にしたのは、極めてシンプルで繊細なポトフでした。「旨い」という言葉を発せられ、その場に張り詰めていた最高潮の緊張の糸が、ふっと和らぎました。「味に関しては言うことはない。今の情熱と勢いを持ち続け、頑張ってほしい」という有難い評価をもらい、出店にむけて、正式な契約に進むことができました。

そして、オープン

プロジェクトの検討が始まってから、スープを作って出店するまでに、一年半の時が過ぎました。スープは約四十種類のレシピができています。

一号店のヴィーナスフォート店は、実験的な要素もあるので、面積もキッチン設備の内容もフルスペックで行きました。店頭に並ぶスープの種類は現在の倍もあり、パートナー（アルバイト）も手厚く揃えるため、四十名を採用しました。

パートナーに集まってもらい、契約をした日、全員で決起集会の飲み会を行いました。私は皆の名前と経歴、趣味などを一生懸命に暗記して、ひとりひとりを紹介しました。また、私たちが何を実現したくて、これまでどのようにスープストックを創ってきたかも話しました。パートナー同士は初めて会う人たちばかりでしたが、真剣に耳を傾けてくれ、最後には全員の団結力のようなものを肌で感じ、血が沸き立つような決起集会になりました。

オープンは目前でした。

そして、一生忘れることのできない日、一九九九年八月二十五日。いよいよスープストックトーキョーのオープンの日がやってきました。

当日は予想をはるかにしのぐ人出で、レジから三十人くらいの長い行列が途切れることがありません。女性と若いカップルを中心に、店の中に祭りの神輿《みこし》が放り込まれたような状態です。

私はなにからなにまで初めての仕事にまごつきながら、必死でパートナーに指示を出し、野菜を切ってスープを作り、レジをやり、ほっとひと息つく間もなく閉店まで働きづめに働きました。店長としての超多忙な三ヶ月がスタートしました。

店長というのは、本当は一歩引いて全体を見なければいけないのですが、そのような余裕は全くありませんでした。レジに一度入ると列が途切れず、なかなか交替できません。レジの仕事は目の前のことをこなせばいいので、ある意味、楽なのです。最初はどうしても目の前の作業に没頭してしまい、パートナーの休憩を回すのをよく忘れてしまいました。忙しい中、繊細なスープを作るのも大変でした。ポトフは、鶏ガラを湯通しして、ブーケガルニを入れ、灰汁をすくい、キレイな透明なスープに仕上げますが、塩ひとつまみで味がガラリと変わってしまうので、どうしても薄めにぶれてしまいます。

発注も苦手でした。例えばポトフで、玉葱と鶏の手羽元はあるがニンジンがなくなったとします。品質が違うからニンジンだけスーパーで買ってくる訳にもいかず、新たに発注すると今度は手羽元が足りなくなり、と素人の私は四苦八苦しました。また、包材を納品しているダンボールが巨大なため、狭い店内には置き場がなく、余裕をもって発注することが出来ません。足りなくなるのでは、と胃が縮む思いでした。

レジの数字も、最後にきっちり合うことがなかなかありません。閉店後レジのレシートの記録を端からずーっと追って確認しました。

また、レジはヴィーナスフォートの指定のものだったので、KFC側へ売り上げデータを送るには、「ポトフRサイズ・二十四杯」とひとつずつ電話機のテンキーに打ち込まなくてはならず、非常に時間がかかりました。

店には毎朝八時に入り、すべての仕事が終わるのは、たいてい深夜二～四時です。家でゆっくり体を休めるどころか、シャワーを浴びるためだけに帰るようなものです。でも、当時副店長であるセカンドを務めていたKFCの安藤君は、「癖になって甘えが出るから、どんなに遅くなっても店に泊まるのはやめましょう。必ず一度家に帰ってシャワーを浴びて戻ってきましょう」と言います。

その頃、店へはKFCから借りていた軽自動車で通っていました。鶏肉運搬用の、チキン臭が染みついた車でした。

ある日、店が終わって明け方の四時くらいに、そのチキンカーを停めてある都営駐車場まで、安藤君のバイクの後ろに乗せてもらいました。ほんの数分の距離です。白々と夜が明けていくなか、モウロウとした頭で安藤君の背中にしがみつき、ノーヘルで潮風を体中に浴びながらお台場のカーブを曲がっていくのは、まるで映画のラストシーンのようでした。景色はスローモーションで流れ、私たちは青春真っただ中。疲労と高揚と朝焼けとで、しがみついたむくつけき安藤君に恋でもしてしまいそうな、そんな朝でした。

毎日通しのシフトで休みもありませんでした。次長が半日休みをくれ、久しぶりに人並みに眠ることができたのは、二ヶ月目に入ってからのことです。私は三ヶ月間、一日も欠かさず店に出て、五キロやせました。でも、大変ではあっても、店での仕事は充実感で一杯でした。

「レードル」という役割を担当して、並んでいるお客さまに話しかけながらスープを注ぐのは、ちょっとしたスター気分です。スープを注ぐ姿を、行列の人が皆、凝視しています。目を合わせてニコリとすると、お客さまも微笑んでくださる、自意識が高ぶるポジションです。

カウンターの外でオーダーをとっていて、〝ビーフバリーの洋風おじや〟を読み違えたお客さまに「洋風オヤジって、何ですか？」と訊かれたときには、一緒になって笑い転げました。また控え室にいて、壁を隔てた客席から「ヤダッ、これ美味しい！」という声が聞こえたときには、大きなエネルギーをもらいました。初月の売り上げも目標七百万円のダブルスコア、一千五百万五千円にのぼりました。快調な滑り出しでした。

一ヶ月後の結果報告

オープンから怒濤のような一ヶ月がたち、社長への報告会議の日がやってきました。私はユニフォーム姿で参上し、オペレーションに慣れてきたこと、パートナーが前向きに喜んで働いてくれており、飲みこみが早いこと、お客さまからの評判、期待がとても高いことを、意気揚々と報告しました。現場の目覚しい成長に胸を張りたい気持ちで、予想外の売り上げは、その結果なのだ、という思いがありました。私は現場の状況を熱く語り、そしてつけ足しのように「その結果、売り上げは一千五百万五千円になりました」と報告しました。

実際、この一ヶ月で、休憩をうまくまわせるようになりました。自然なアイコンタクトで持ち場のチェンジもできるようになりました。また冷蔵庫の扉をすばやく開閉するために、中身の置き場所を覚えるという工夫もおこないました。夕方に追加で作ったポトフがうまく完売するなど、徐々に正しく先を読むことができるようにもなりました。

私は、すすんで閉店後の仕事を手伝ってくれたパートナーが終電に乗るため走って帰る後ろ姿を見送ったり、パートナーのお母さんが店まで様子を見に来てくれたり、お客さまから美味しいです、といわれて涙が出そうになるほど嬉しかったことなどに、少しばかり舞い上がっていました。

トップの反応はいたってクールでした。注文を受けてから商品とお金のやり取りを終えるまでのスループットの早さはどうなのか、ロスはどうだ、などの質問がされ、専務から唯一、「売り上げ一千五百万五千円の、この五千円が偉い」と褒めてもらいました。そもそも目標は七百万円でしたが、「一千五百万円を超えての五千円は、一千五百万円というターゲットを意識して、最後にそれをちゃんと達成させたことのあらわれだ」ということでした。

この報告会議では、立場によって見るものが違う、ということも知りましたが、今さらのようにプロ意識というものを学びました。オペレーションやパートナーとの連携がうまくいくようになったという話は、プロとしてできて当たり前のことで、その上でどれだけのプロフィットを叩き出せるかに意味があるのです。

「最高の味が出せればいい」「お客さまが喜んでくれればいい」「現場が楽しく充実し、日々成長できればいい」、それはとても大事なことですが、そこで止まっていてはプロとは呼べません。私は新たな視点を身につけなければならないことを知りました。

第三章　動き始めたビジネス

三菱商事への帰還

当初のＫＦＣへの出向期間は一年間で、「スープのある一日」の企画が通った後に期限ができました。そのときは二年間の延長ができましたが、ヴィーナスフォートの第一号店がオープンして三ヶ月が過ぎた頃、半年後に迫った出向期限を終えたらどうするか、という話になりました。

「スープのある一日」では、スープストックを二つの会社と個人が出資するベンチャーというかたちで行うことにしていましたから、私はすっかりその気になっていました。

まずは、三菱商事で私が所属していた情報産業グループで新たに会社を作れないかと相談しました。まったく畑違いではありますが、食品や食料関連の部署で沢山の先達の最後尾につくのではなく、まったく新しいベンチャーとして出来ないかと思ったのです。

しかし、「面白いが、どう鉛筆なめても情報産業グループがスープ屋とは説明がつかない」との返事です。おっしゃる通りです。

そこで社内を巡り、三菱商事としては珍しくリテールを扱っている、リテール事業部を訪ねることにしました。そこは、イギリスの有名ドラッグストア「ブーツ」の日本進出などにも関わっていました。

週末のある日、私は、以前お世話になったリテール事業部の山崎部長にコンタクトをとるべく、携帯に電話を入れてみました。当時山崎さんはブーツエムシーに副社長として出向しており、ちょうどその週末はかき入れ時ということで銀座の店舗に出ているといいます。そこで私は、お店のユニフォームのまま銀座に駆けつけました。

「情報産業グループでは、うまくいきませんでした。リテールを扱っておられる山崎さんの部署で、なんとかやらせてはもらえないでしょうか」。すると山崎さんはその場で、三菱商事でリテール部門を管轄している可児本部長を紹介してくれました。本部長に熱く話をしていると、「よし、じゃあ今から見に行こう」となりました。普通ではあり得ない、可児本部長ならではのフットワークです。

私は興奮しながら、可児本部長にチキン臭のする軽自動車の助手席に乗ってもらい、お台場までジリジリするような思いで走りました。

到着すると、日曜日だったこともあり、オープンして間もないヴィーナスフォートは、とにかくすごい混雑ぶりでした。店も大変な賑わいで、長い行列が出来ています。

「こりゃ、すごいな」。私は盛況な様子に驚いている可児本部長に、〝オマール海老とわたり蟹のスープ〟を手渡しました。カニさんにエビのスープを飲んで頂いたわけです。

スープを飲み干した可児本部長は、「面白いじゃないか。会社に持ち帰って、ウチでの預かり先を探そう」と言ってくれました。


しかし、可児本部長がなんとか足がかりを作ってくれたものの、社内での受け入れ先を見つけるのは、簡単にはいきませんでした。本部長の管轄下にあったリテール事業部に何度もプレゼンを行いましたが、当時の貞広部長は頑として首を縦に振りませんでした。

そもそも、リテール事業部は外食の経験がなく、全く興味も湧かないようです。しかも部署の中にも、日の目を見るのを待っているさまざまな事業企画があります。いくら本部長の口利きとは言っても、部の方針もあり、今まで順に待っていた事業の横から急に入って我先に、という訳にはいかない様子でした。

しかし、私も血が上っており、「物事を却下するときの責任というものを問いたい」などと、丸の内から帰る日比谷線の中で一人、悔しくて泣いたことが二度ありました。

その後KFCの社長を務めることになる貞広部長が、このときいたってクールに部長なりのやり方を貫いてくれたおかげで、私は勝手に怒りのパワーをふつふつと備蓄させていたのです。

　一方、ＫＦＣサイドは、子会社の事業としてスープストックを行っていました。しかし社内ルールや株の持合の関係上、三菱商事とその子会社が、その時点で新たな会社を一緒に作ることは困難であることが分かりました。

　それで、三菱商事側で会社を作り、ＫＦＣからのれんを譲ってもらうスキームとなりました。大河原社長は残念がってくれましたが、ほかの役員の方々は三菱商事がスープストックを引き取ることに賛成のようでした。一号店はたまたまうまくいきましたが、事業としてはまだまだ未知数、今後もうまくいくとは限りません。また、言いだしっぺの私が三菱商事にかえってしまった後、引き継いで運営するといっても抜け殻のような感じは拭えません。「それでしたら、どうぞ持っていって下さい」というトーンでした。

　ＫＦＣでは企画から立上げまで大変お世話になりましたが、仕方のない結論でした。

　三菱商事のリテール事業部が無理ならばと、外食事業ユニットにもかけあいました。現在ローソンの社長である新浪さんがマネージャーをしていて、部の違う私を、海外出張に連れて行ってくれるなど、目をかけてくれていました。以前「スープのある一日」をプレゼンした時も評価し、企画を通してくれました。でも、外食事業ユニットとしての考え方は「ゼロからブランドを作ることはしない」と明確であり、無理なことは当初からわかっていました。

事態は窮地にありました。

決まっているのは、半年後に私が三菱商事に帰ることだけ。このまま三菱商事での受け入れ先が決まらなければ、お店が宙に浮いてしまいます。

私にとってスープストックは、単なる新規事業ではなく、まさに人生を重ね合わせたプロジェクトです。そのままKFCに置いて帰るという発想は、自分の中にまったくありませんでした。

かといって、私が会社を辞めて、スープストックを引き取ることなどできません。どこからどう見ても、スープストックの行く手は困難に思われました。

苦しい状況の中、最終的には本部付きでやろう、ということになり、物流ソリューション企画・統括ユニットで行うことで落ち着きました。

このユニットは、本来、外食とはまったく関係ない部署なのですが、方々で門前払いにあった私を放り出さず、社内での受け入れ先を探してあちこちに引き回してくれた可児本部長が、最後に自分の息の掛かるところで実現させてくれたのです。

様々な方のご協力がありましたが、銀座からお台場まで行ってくれた可児本部長のフットワークと、その後の、事業を引き取るためのご苦労が、今スープストックがあるのに、最も重要な要素だったと感じています。

「社内ベンチャー〇号《ゼロ》」

会社設立にむけ、やっとスタートラインに立ちました。

企画書に書いた通り、私は、自らも出資をする新しいベンチャーとしてやりたい旨をずっと訴えていました。

二〇〇〇年当時は、ＩＴバブルがちょうど華やかな時で、ＩＰＯ（株式公開）やストックオプションといった言葉が闊歩していました。しかし私は、情報産業のような大きな仕事ではなく、もっと手触り感のある仕事がしたいと思い、スープ事業に至ったのです。最初からＩＰＯなどを考えるのは、もともとの思いに逆行してしまうと感じ、会社を作るときも、出資したいと提案しました。

私は何よりも、会社を個性的なユニークな企業にしていきたいと思っていました。たとえばスターバックスは、角田社長のこだわりがあったから、ここまでのブランドに育てられたのでしょう。もし、アメリカの本社が日本で他のコーヒーチェーン店と提携していたら、立地の選定やスタッフの個性など、全く違うテイストになっていたと思います。オーナーになり、長きにわたって、きちんと顔の見えるブランド、企業にしていきたかったので、私は出資にこだわりました。

しかし、あまり個人性ばかりを謳うと「公私混同」だと言われそうだったので、先手を打って、「公私同根」などと言っていました。絵を描くのも子供の父親であるのもスープを作るのも同じ私であり、その悦びやエネルギーの素は全く同じである。そして、これは単なる一新規事業ではなく自分の人生とぴったり重ねて捉えたい、という趣旨でした。

そしてまた、三菱商事には残っていたいと考えていました。

個人と企業の、お互いの良いところだけを併せて新しい価値を世の中に提案していきたい。ならば企業にちゃんと足を入れておきたいと思っていました。

また、脱サラだと、何だか世知辛い、肩に力の入った、眉間に皴《しわ》が寄った様子になるのも嫌でした。個人の手触り感のある小さなビジネスからスタートしたいと考えていましたが、個人の執念がベタベタしたものではなく、世間に広く浸透する洗練された企業になりたいと思っていました。

だから、自分も出資し、転籍はせずにそのまま三菱商事に残るという、非常に都合の良い勝手なプランを考えたのです。

資本金は、追って借入れ無く自立できる範囲として一億五千万円となりました。その中で私は、三十年前に親から相続した株を売って二千万円を自己調達しましたが、それが限度でした。割り算すると十三％、拒否権もなく適度なシェアです。

このわがままなスキームは、当時、社長室会事務局や財務、人事の担当者が相当に苦労しながら、設立までの手続きを進めてくれました。途中私の退社が余儀なくされる可能性もでてきましたが、そうなったらしょうがないと、腹を決めていました。

しかしちょうどその頃、三菱商事では、コーポレートベンチャー制度（いわゆる社内ベンチャー）を確立しようとしている時でした。そのため私の話も、その前哨戦として進めていくことになったようです。

そうして、二〇〇〇年に株式会社スマイルズが誕生しました。

コーポレートベンチャー制度が出来る前だったので、私はよく「社内ベンチャー〇号」などと言っています。

三菱商事は、燃料や鉄など、インフラを支える一次産業を基盤にした巨大な総合商社です。そんな会社のコーポレートベンチャーの取っ掛かりとして、よりによってこんなちっぽけな、まさに水商売のような企業を認めてもらえたのは、時代の変化もあったと思いますが、三菱商事の多様性や懐の深さを感じました。

かつて私は、三菱商事の就職面接のときにうまく答えられなかったものの、その面接官の方々の誠実な人柄に感動し、当時お世話になっていた方に電話をして、「駄目だったと思うが何としてでも入りたいんだ」と訴えたことがあります。そのお陰で拾ってもらえたかは定かではありませんが、この普通でない会社設立の時、そんな事を思い出しました。

せっかくのチャンスを台無しにしてはいけない、次の若いベンチャーに続く例となるべく、絶対に成功させねばならないと気持ちを新たにしました。

スマイルズ——。総合商社でもなくＩＴでもバイオでもコンサルティングでもない、何だか気の抜けたような名前ですが、そんな名前も違和感が無くなるような、新たな価値観を創っていきたいと思っていました。

和室の本社

私は新会社の本部として、青山の小さな部屋を借りました。生まれ育った実家の近くで、パレス青山という古くからあるマンションの一室です。普通だったら三菱商事に近い丸の内や日比谷といったビジネス街を選ぶのかもしれませんが、やはり「秋野つゆ」的な、感度が高く、しかも生活シーンのある場所を求めました。

不動産屋さんに何度も足を運び、たくさんの物件の中から、パレス青山を見つけました。根津美術館の周辺エリアにあって文化的な色合いが濃く、下階はギャラリーになっていて、古いけれどもこの辺りでは昔から印象の強いマンションです。三階に上がり候補の部屋のドアを開けて入ると、落ち着いた和室があって、夕方でしたから外からの西陽がバックライトのように窓の障子を浮かび上がらせ、非常にきれいでした。六畳二間のその部屋を借りようと即断しました。

さて、部屋は確保しましたが、会社としての機能を整備せねばなりません。

ここは「低投資・高感度」をテーマに、最低限のことをしました。

窓の障子は光が差すとキレイで、和室の事務所というユニークさを保つためにもそのまま活かしましたが、床の畳は上げて、シナベニヤを貼り、自分でニスを塗りました。部屋の仕切りには障子紙のブラインドを掛けました。テーブルは業務用の組み立て台にベニヤを乗せた手作りです。蛍光灯を白熱球色のものに替え、椅子はフランフランのセールで買った一脚千五百円程度のもの。事務機器はビックカメラでコピーとファックスが一体になったものを購入しました。備品は茨城のジョイフル本田に出かけ、田舎の歯医者さんにあるようなビニールの茶色いスリッパや、一斗缶のゴミ箱をそろえました。切り詰めながらの本部作りでしたが、新居をかまえるようで楽しく、低投資ながら良い感じのオフィスができました。

本部のスタッフも最小限でのスタートです。私のほかには、三菱商事から派遣された経理アルバイトの高野さん、個人的な知人でKFCの頃から立上げを手伝ってもらっていた重巣さん、その三人でフルメンバーです。

店舗の運営、商品開発、品質管理、仕入れ、物件開発、店舗デザイン、POP作り、広報、総務、給与、事業計画、取締役会などを、至らぬところはたくさんありましたが、慣れない三人で必死にやりました。

会社組織になったことで、より煩雑な作業が加わりましたが、店の管理も勿論あります。しかも、今あるものをうまく回していくだけでは不充分です。店と会社を少しずつでも成長させていかなければなりません。

仕事の量は膨大で、野球をたった三人でやっているようなものでした。電球が切れれば、誰かが買いに出かけて替えない限り切れたままです。三遊間に飛んできたボールを、二人で譲り合っている余裕はありませんでした。抜けてしまったボールをフォローしてくれる人はいません。私たちは日々降りかかってくる新しい出来事を、がむしゃらにこなしていきました。

和室の事務所は、まさに親元を離れた息子の、初めての一人暮らしの様相でした。

せっかく親から一人立ちしたのだから、なるべく、私のことは放っておいて欲しい、と思っていました。冒頭にも書いた通り、長い旅に出て、とにかく出来る限りやってみて、そして帰ってくるときには大きなお土産を持ってきます。そんなことを考えていました。

赤坂ドミナント三店

一九九九年八月に第一号店をオープンさせた後、三ヶ月の店長生活を経てスマイルズ設立のために奔走したこともあって、第二号店の着手までには一年という時間がかかりました。その第二号店は、東京ディズニーリゾートを経営する株式会社オリエンタルランドがオーナーの、複合商業施設「イクスピアリ」への出店でした。同社が運営する「キャンプ・ネポス」の一角に「ネポスープ」をスタートさせたのです。

この話は、慶応の後輩である郷司君がオリエンタルランドに勤務していた関係で、縁ができたものでした。彼は今では経営を統括する要職にいますが、ディズニーの申し子みたいな男で、顔からしてミッキーマウスのようです。当時ちょうどキャンプ・ネポスの開発の担当をしており、話を持ちかけてくれたのです。

人気施設のさすがの集客力に驚く一方、ネポスープの店舗は大きな施設の入り口に位置していたので人の流れが速く、立地の難しさを痛感しました。また、ファミリーがセットを分けあって食べるため、客単価が下がることなども勉強になりました。

いい経験をさせてくれた店でしたが、その後店舗は一部改装し、オリエンタルランドの直営の店として進んでいくことになりました。


二〇〇〇年十二月からは、溜池山王店を皮切りに、アークヒルズ店、赤坂通り店の三店をスタートさせました。この三店は互いに徒歩でも行ける範囲にありますが、当初から戦略として三店を近接させて置いたのではなく、もともとはバラバラの構想でした。溜池山王店は施工業者を通じた物件情報から進めた話で、アークヒルズ店はヴィーナスフォートのオーナーでもある森ビルからお話をいただいたもの、そして赤坂通り店はTBSの敷地にあるのですが、三菱商事からTBSに転職した元同僚の紹介でした。

しかし、話が具体化する段階で、これは人繰りやブランド認知の点からあえて店舗を集中させる「ドミナント出店」を試みるのもひとつの戦略になると考えました。さらに、初めてのオフィス街への出店でもあります。赤坂通り店に限っては、TBSの再開発にからんだもので期限が決まった物件でしたが、このドミナント出店が果たしてどんな効果を生んでくれるのか、期待をもっての船出となりました。ところが、実はここから暗黒時代が始まることになるのです。

特に溜池山王店は、セールス的に大変厳しい赤字店となりました。溜池山王という立地は、外資系企業や大使館が多くあり、昼食時には外国人やＯＬが付近の飲食店に繰り出します。食に対してはヘルシー志向の強い人々が集まっていると見込んで、期待をしていました。

ところがランチ時は外に出ていた人も、夜は地下の動線に戻り店前の通行量はさっぱり、土日もぱったりと人がいなくなり、カラスがカーと鳴いています。しかも店舗は二十坪×三階建てという、これまでのスープストックからは考えられない巨大さです。再開発がらみで一戸建ての建物をどう料理してもかまわない、という触れ込みに目がくらんで契約したものでした。

今思えば悪条件がきれいにそろっていて、売り上げが苦しくなるのも先に読めたはずでした。出店場所、そして規模を見誤った私の、完全なるミスでした。店舗数が少ないうちは、一店の赤字が全体にじかに響くものです。会社の存続さえ危ぶまれるような、深刻な状況に陥りました。

営業を始めてみると、平日の昼は店の外まで行列ができ、ゆったりした店内も満席になり、リピーターも多く愛される店にはなりました。しかし、食事時間以外のアイドルタイムに全然お客さまが入らず、夜も閑散とし、土日はすぐに定休とすることになります。

また一、二階ではこれまでどおりの店舗スタイルで展開しましたが、三階では「一〇〇本のスプーン」という名の、スープをメインにしたレストランを始めました。前菜からデザートまでスープづくしのフルコース・メニューもある、なかなかユニークな店舗であり、一定のお客さまもつきました。しかしスープがメインだとアルコールが進まず、客単価があがりません。

本当に寂しく辛い毎日でした。三菱商事からは散々に言われ、「絶対になんとかしてみせる！」と机を叩いて啖呵を切ったはいいのですが、セールスは上がりませんでした。私だけでなく、店長やスタッフまで、胃の痛むような毎日でした。

オープンして数ヶ月で、青山にあった本部オフィスをひきあげて、溜池山王店の三階に引越し、レストランを二階に移して店の規模を縮小しました。この頃から参加してくれた平井とは、連日の激務を悶々と、そして夜中まで黙々とやっていました。夜になると、ふたりで三階のオフィスから二階のレストランに降りて食事をして細々と売り上げに貢献し、また三階に上がります。ファックスやコピーには一度使用した紙の裏側を使い、昔の内職のようなムードでした。夜中にはキッチンのスタッフがよくまかないを作ってくれ、ほっとさせてくれたものです。

この状況をなんとか脱出しようと、メニューを変えたり看板を出したり、私も溜池の交差点でチラシを配ったりしましたが、効果は上がりませんでした。

売れない店は、悪循環に陥るものです。株主も私もピリピリしていると、店長やスタッフに影響が出てきます。目はつりあがり、眉間にしわを寄せて神妙な面持ちで接客し、店内にどんどん陰鬱な雰囲気が満ちていきます。

ここでは「この苦境は立地のせい」であり「これを決めたトップのせい」ともっと割り切り、明るく自信をもって、「この店は商品とサービスが自慢、だけど空《す》いているからあなただけの穴場だよ」、とでもいうような雰囲気を作るべきでした。スタッフの皆には笑顔で接していたつもりでしたが、実際にはできていなかったようです。

一方、赤坂ドミナント三店の残りの二店、アークヒルズ店と赤坂通り店は、まったく狙いの異なる店舗でした。赤坂通り店はTBSの敷地にあったので、店舗を抜けてTBS社屋に行けるような店舗設計にすれば、人通りが確保できるだろうと見込んで、「一階を通路にしてしまえ」と少々、酔狂な設計になっていました。一階には通路とテイクアウトの窓口を作り、イートインのスペースは二階に作りました。隣にはスターバックスが出店していますし、設計上のちょっとした冒険に期待していました。ところがTBSに出入りする人々は、抜け道としてこの通路に流れてきてくれるようにはならず、いつまでたっても人通りはまばら。お客さまを二階に上げるのも、思いのほか難しいことを知りました。こちらも苦しい戦いになりました。

厳しい時期でした。溜池山王店の状況はまったく改善の兆しがありません。赤字が累積して、私が出資した二千万円などとっくに損で消えていき、ある月には三百万円の赤字を記録しました。このとき、私は初めてお金で恐怖を感じました。「このまま毎月三百万円の赤が続いたら、俺はこの先どうなってしまうのだろう」と、心臓がペタリと貼りつくような感覚でした。それは、もっているものを失う絶望感だけでなく、赤字が膨らんでいくことの、目に見えぬ底なしの恐怖でした。

三菱商事にいた頃は、扱っている金額は億単位でしたが、責任の所在がはっきりしない大きな会社のサラリーマンの立場では、こんな恐怖は味わったことがありませんでした。でも、溜池山王店をたたもうという踏ん切りは、なかなかつけられませんでした。

本などを読んでいると「最初の一年はサッパリだったけれど、そこを辛抱して続けた甲斐があって、店は好転した」という話がよくあります。そんなことを思い出し、「今は苦しいけれど、ひょっとしてこの先は……」という根拠のない希望にすがりついていた部分があったかもしれません。

　また、店を閉じることで、損が確定してしまうことへの恐れもありました。その時点でのマイナスは、店がこのあと盛り返せば減らしていくことができますが、店を閉めたが最後、その瞬間に損として確定します。

　しかし、出血は止めなくてはなりません。店を続ければ続けるほど、ランニングコストのマイナスが積み重なっていきます。三菱商事とも話し合い、リミットと目標を設定して、それをクリアできなかったらやめよう、と決めました。その目標を突破することはできませんでした。私は店長会で、閉店するという決定を社員に伝え、これは立地や規模を決めた自分のせいであって、私たちのやっていることが否定されたわけではない、と言いました。

　溜池山王店の閉店にあわせて、本部を代官山に移すことになりました。代官山というと聞こえはいいですが、当時、私が個人でアトリエとして借りていた部屋に、会社が転がり込んできたわけです。スマイルズの経営は厳しく、私が会社にタダで貸してでも、経費を切り詰める必要がありました。

危機脱出

溜池山王店が閉店する直前に、かすかな光明が射してきました。恵比寿三越店がオープンし、当初から月に六〜七百万円の売り上げを出したのです。本当によくぞ、という思いでした。

恵比寿三越店は、わずか四・七坪です。溜池山王店の十分の一のスペースながら、より多くを売り上げたので、それ以降スープストックは、スリム化路線をたどることになります。

また、恵比寿三越店の前にオープンしていた青葉台のフードコートの店舗は、出店していた施設全体の業績もかんばしくなく、早々に撤退を決定しました。表面的には、会社として後ろ向きのイベントが続いたようにも見えますが、問題店の整理がつき、会社は少しずつ健康を取り戻していきました。

二〇〇二年の九月には、丸ビル店、アトレ四谷店、横浜シァル店の三店舗がオープンし、爆発しました。

丸ビル出店のきっかけを段取りしてくれたのは、最初の個展のときに北海道から駆けつけてくれた菅井君。彼は三菱地所に勤めていて、北海道勤務から戻り、丸の内の担当になっていました。

アトレ四谷は、改装する以前は淋しい施設でした。出店候補地は一階ではありましたが魅力に乏しく、JRの改札から人は上がってきていませんでした。四谷は上智大学や雙葉学園など学校が多く文化的な雰囲気で、駅の周辺は静かであり、スタバや外食チェーンなどが見当たりません。私自身、同地を視察で何度か訪れましたが、昼食の場所を探すのに苦労しました。それを、マーケットのボリュームが少ないと読むか、競合が少ないと読むか。

結果的に、アトレは全面改装で人の動線が全く変わりました。ベーカリーの「PAUL」と向かい合わせで、新しい四ッ谷駅の表情を作ることができました。

横浜シァル店の出店は、特に苦戦しました。

こちらも、横浜駅の大規模な改装計画でした。当該立地は、西口ロータリーから見て駅の正面に位置する最高の場所。しかし、店は七坪と小さく、地型はショーウィンドウのように薄いものです。店前通行が多くて速いので、かえって流れで通過してしまうリスクもありました。株式会社横浜ステーションビルの伊藤社長は三菱信託銀行やJR東日本で常務取締役を歴任した豪放磊落な方でした。担当者は随分とスープストックを推薦してくれましたが、伊藤社長は反対でした。

話し合いを重ね、もうこれ以上は無理かという段階で、駄目元で手紙を書きました。渋谷の鳩居堂に便箋と封筒を買いにいき、慣れないペンで緊張して書きました。横浜の地に質の良い食を提供したい、女性にも集まって頂ける店を実現したい、と。手紙が効を奏したかは分かりませんが、その後息が繋がり、結局出店させて頂くことが決まりました。

伊藤社長だけでなく私も大いに不安ではありましたが、結果は立地とコンセプトがピタリとはまり、一月単位で、当時の最高売り上げを記録する大成功となりました。後には伊藤社長にも認めて頂けるようになり、隣地でのTokyo Roux（後述）の出店にも繋がっていきます。

こうして会社もようやく元気を取り戻して黒字が定着し、その後、大崎、カレッタ汐留、ウィング新橋、六本木ヒルズ、松屋銀座、広尾など、魅力的な立地への出店が続々と続いていきました。

お客さまの反応

危機的な状況を経験し、大局的な経営戦略について身にしみて学ばされた私たちでしたが、その一方で、お店での細かな見直しや新たな挑戦もおこなうようになりました。

スープストックの大まかなコンセプトについては、お客さまから大いに支持していただいているのを実感していました。「スープ一本でいこう」「スープを立派な食事として楽しんでもらおう」「女性が一人でも気持ちよく入れ、くつろいで食事ができるお店にしよう」。どの目標も、日々お客さまと接する中で、お客さまの満足そうな表情や、かけていただくひと声や、オーダー、売り上げなどに、満足のいく答えが現れてきました。

ボリュームについては、お店をスタートしたときにはRサイズ三五〇g、Sサイズ二五〇gと、「本当にスープでお腹いっぱいになるだろうか」という不安があらわれた設定にしてありました。

現在ではLサイズが三五〇g、Rサイズ二五〇g、セットでご注文いただくSサイズは一八〇gです。これは、実際に召し上がっていただいたお客さまの反響から変更したものです。

たとえば、カレーはご飯に二〇〇gのルーがかかっているのですが、Rサイズのスープとご飯のセットならば、カレーよりもボリュームがあるわけです。Sサイズふたつとご飯かパンの「スープストックセット」だとさらに多いわけで、実際に、男性のお腹にもご満足いただけています。

値段と量のことについてはいろいろお声をいただいてきましたが、「量が少ないのでは」

「量のわりに高いのでは」というご意見のほとんどは、スープストック未経験のビジネスマンの方からのものです。実際にご利用いただいた方からは、少なくともホームページへのご指摘は皆無といってよいでしょう。

もちろん、値段が安くないことは承知していますが、私たちは、飲食業で通常にかけるフードコスト以上のコストを品質のために投入しています。「安全で高品質なものを提供する」という曲げられない信念にもとづいたもので、その目的をご理解いただき、納得してくださるお客さまが増えていっていることを感じています。

また、スープストックにはカップルや友達連れのお客さまもたくさんいらっしゃいますが、いちばん多いのは、やはり女性一人のお客さまです。どんな方々にきていただいても嬉しいのですが、スープストックには当初から、街でほとんど見つからない「女性一人でも安心して入れるお店」になろうという目的がありましたから、その使命が果たせているのは嬉しい限りです。

実際に始めてみて変更したものは、ほかにもあります。

ひとつは、価格設定をシンプルにしたこと。当初は、スープには三段階の価格がついていましたが、全て統一しました。スープを選ぶだけでも迷ってしまうのに、価格が違うとかえって負担になり、慣れないお客さまをとまどわせてしまうことにもなります。そこでなるべく、わかりやすい形で提供できるようにしました。

また、二〇〇二年から翌年にかけては、販促物にも力を入れるようになりました。それまでは販促物を積極的に作ることはなく、たまに気まぐれでポスターを作ったり、月々のメニュー・カードを作る程度。店内に置くPOPなども、手作りでこしらえていて、手間もかかるし完成度も今ひとつ、という状況でした。

実はそこには、ファストフード・ショップによくある、販促物があふれたゴテゴテとした店へのアンチテーゼがあったのですが、そろそろ販売促進を本腰でやろうということになりました。また実際に、お客さまからのスープについてのご質問も多くなってきました。そこで、スープストックらしい感度を大切にした販促物を、ていねいに作っていこうと考えたのです。

デザイナーを新たに採用し、店内で食べる際のトレーに敷くトレーシートをはじめ、少しずつ大切に、販促物を作っていきました。スープを飲みながら見たり読んだりしていただくので、お客さまにほっとしてもらえるようなものであることを念頭に置きつつ、セールスを上げる目的とのバランスをはかりながら、制作していきました。

結果、デザインなども含め、なかなか品がいいものを作ることができました。そして実際に店に置いてみると、トレーシートでもPOPでも、きちんと売り上げの数字に反映されてきます。「まずやってみる」ということの重要さを思い起こさせてもらいました。

メニューについては、スタート前と変わらず、つねに新メニューの開発をおこなっていましたが、この頃あらたに朝スープの計画があがりました。

一般的に「スープといえば朝」という印象がありますが、その割にスープストックの朝は、まったく数字が取れていませんでした。朝の時間帯を盛り上げて、お客さまの集中するゾーンを作れれば、朝・昼・晩とピークができます。なんとか新規開拓を成功させたいところでした。「朝のドリンクスープ」の計画は、翌年に実を結ぶことになります。

これまでは経営にしてもお店の運営にしても、どこか手探りでしたが、段々とブランドもどっしりとしていきました。目の前の仕事をバタバタとあわてながらこなすのではなく、徐々にきちんと遠くを見すえて歩みを進められるようになっていきました。

攻めと守りの二〇〇三年

スマイルズは、翌二〇〇三年を「攻めと守りの年」としました。

「守り」というのは、やっとスープストックという花が咲いてきたので、ここで目に見えにくい根っこの部分を強化し、果実がなるよう基礎をしっかり整えようというものでした。

それまでスマイルズには営業部長すらいなかったのですが、外部から営業部長を招聘《しょうへい》し、本部の機能を充実させて、足場固めを堅実にやろうという意気込みでした。

一方、「攻め」の部分では店舗の拡大、販売促進戦略の充実、朝スープのスタート、そして新規の業態も始めました。スープに続く第二業態は、カレーやシチューなどのルーの専門店、「Tokyo Roux（以下トーキョールー）」です。

この企画は、溜池山王時代に、あるデベロッパーさんとの意見交換の中から考え、あたためてきたもので、スタッフにはちょくちょく構想を話していました。それに興味を示していたのは、かつて溜池山王店の店長を必死に務めてくれた鳥居でした。彼はもともと大のカレー好きでもあり、この頃、店長会が終了した後におこなっていた飲み会の席で、「アレやらないんですか？」と度々私を突《つ》ついていたのです。

そして、言いだしっぺの鳥居が責任者となってプロジェクトがスタートしました。

まず、「ルーの専門店」という新しいカテゴリーを自ら創出する、という考え方を柱にしました。カテゴリーの中で一番になるには、カテゴリー自体を作ればよい、と考えたのです。カレーは国民食とも言えるポテンシャリティがありながら、イケてるファストフードのカレー屋がないと思っていました。また、ルーの専門店ならば、スープストックでのノウハウも存分に活かせるはずです。

それから、「我々がカレー屋さんを作ったら、どんなものになるのか」という点には大いにこだわりました。コンセプトは「宣教師が軽井沢で布教のかたわら作った、ルーの専門店」という設定でした。スタッフで軽井沢に合宿に行き、軽井沢感や宣教師らしさなどのイメージ合わせを行いました。

ルーの商品開発にも相当の時間をかけて、試作を繰り返しました。

メーカーさんと開発を進めましたが、我々の要求にメーカーさんはずいぶんと目を白黒させていました。辛みを六倍に、とリクエストして工場のカイエンペッパーが切れてしまう、などということもありました。ちなみに、そうして出来上がったのが〝スパイシーチキンカレー〟であり、今では人気メニューの筆頭です。

トーキョールーは、現在では九店舗になりました。

お店は女性だけで満席になることもある状況で、それまで女性が一人で入れるカレースタンドがほとんどなかったことを考えると、これも世の中にひとつの役割を果たしたとは思います。しかし、トーキョールーにも、まだまだ課題があります。フードコストが高く、事業性としてのバランスはまだ構築されていません。メニューも、スープストックでいうところの〝東京ボルシチ〟や〝オマール海老とわたり蟹のスープ〟のような、これという強力な一品がありません。

これから更に拡大していくために、今やるべきことを見直しています。妥協なく出来るように、やるべきことがあるのであれば、オペレーションの方法や商品の在り方など根本も覆すくらいのつもりで、強い一手を検証中です。

経営陣の充実

二〇〇三年あたりから、若く優秀な経営陣が集まってきました。

現在の池本常務と、二人のジェネラルマネージャー、高梨と松尾です。

池本は三菱商事からの出向で経営全般を担当。高梨は人材派遣業のインテリジェンスから関連会社に出て経営執行を経験した人物で、人事を担当してもらうことにしました。そして松尾は、日商岩井からユニクロに行き、野菜ブランド、SKIPの立上げとクロージングを経験していました。彼には商品担当を任せました。

彼らを総じて評するなら、仕事に対する激しく厳しいコミットメントと、人に対する熱い想いと責任感を持ちながら、同時に少年のようにピュアな人間であるといったところでしょう。皆三十歳前後、私とは一回り違います。私の世代にはシラケとか、新人類とか言われたところがありましたが、彼らにはそういった、現実から一歩引いたような姿勢は全くありません。不況のなか競争にさらされて育ち、甘えがないのかもしれません。現実に正面から向き合い、ガッチリと受け止め、そしてその先を奪っていこうという正しい貪欲さがあります。そして他者に対する責任感があります。

特に、池本には本当に色々なことを教わりました。

仕事の能力も抜群ですが、人に自分の愛情をガポッと注ぎいれます。自らにも他者にも要求することが誠実なのだと、私にもどんどん苦言を呈してくれます。

ある時、『なぜ「エライ人」は馬鹿になるのか?』という本を渡され、「遠山さんにあてはまるところに緑の線を引きました。私のところを黄色で引いてください!」と言われました。池本らしいなと思いながら本を開くと、「自分は何でも知っている、という勘違い」などのくだりに、緑色の線が引かれていました。

しかし、苦言を言うと私が凹《へこ》むのを知っているので、父親役で叱っておいて母親役で持ち上げることも忘れません。会社が辛い状態にあり私が自信を失いそうになったときは、「だって遠山さんが作ってきたんじゃないですか!」と励ましてくれました。この時は会社の近くの喫茶店で昼の三時に男二人で涙を流しながら手を握りあっていました。傍から見ると、かかわりたくない相当おぞましいシーンだったでしょう。

さて、彼らが来てわかったことは、簡単に言えば、それまでは経営に必要なシステムや機能が全く構築されていなかった、ということでしょう。まだ規模の小さいときは、夢を追い、日々がむしゃらにやることですんだかもしれません。

その頃はよく「野球を四人でやっているようなもの、互いに相手まかせにせず、球が来たら誰かが捕らなくてはいけない」と言っていました。しかしもう、「四人だから走ったけど球が抜けました」では済まない環境になりました。

彼らを招聘して以降、私たちは急ピッチで企業として頑丈な基礎を組み立てなおしていきました。ところが、その成果が出るより早く、ツケが回ってきてしまいました。

第四章　つきつけられた現実

炎の七十日

溜池山王店の苦悩に始まり、これまでも壁にぶちあたることはしょっちゅうありました。しかしそれでも、店舗数や売り上げは右肩上がりに伸び、二〇〇三年度は累損一掃、いよいよ勢いに乗ってきたという実感がつかめました。そこで二〇〇四年は更なる強化をしようと、相当な経費をかけました。

オンライン通販をスタートし、ブランディングのプロを交えて会議を重ね、新たな販促活動を次々とおこなっていきました。ほかにも保養所代わりにニューヨークに部屋を借りたり、銀座にビストロ「銀座ストック」を開店するなど、冒険的、積極的に打って出ようという強気の姿勢でいました。私自身もちょっとした満足感を感じるようになり、スマイルズ全体にも余裕が生まれてきた、そんな矢先の出来事でした。

「一寸先は闇」。この言葉が現実にあることを、私は初めて体感しました。「炎の七十日」として、後々まで語られるであろう〝地獄〟が、私たちを待ち受けていたのです。それはまるで、今までどこかに隠れてくれていた問題点が、一気に噴出したとしか言いようのないほど、凄まじいものでした。その頃のことを、かつてのメールなどを紐解きながらドキュメンタリ的にピックアップしてみました。

五月三十一日、それは、ニューヨーク出張から一夜明けた月曜日から始まりました。四月の業績が不振だったことは出張前から分かっていました。帰国後、本部の関係部門で集まり、分析することにしていました。

六月九日、「営業連絡会」というその会議は紛糾しました。三月まで良かった業績は、四月に入り、急に悪化してきた事実がわかりました。しかし、悪化の理由が全く特定できません。

店長のやる気の問題だろうか。お客さまに無添加が飽きられたのでは。接客の質が落ちているのかもしれない。店を作りすぎたのではないか。いや、缶のスープを発売したせいだ……。他部署を責める声もあがり始めました。

そしてほとんどデータもなく、混乱した会議では、「原因がわからないという事だけはわかった」という、何とも皮肉な言葉だけがのこりました。「原因は複数あるのだから、やるべきことはすべてやろう」などと美しい掛け声もかかりましたが、もちろん、言葉だけでは何も変わりません。行動を変えずに、結果が変わるはずもありません。

六月十二日、五月の業績が出ました。売上予算は十％以上も割っていましたが、営業利益はほぼ予算の水準になり、これで少し、安心してしまいました。

当時のスマイルズは、いくつかの決まった店舗が大きな売り上げを出しているという状況でした。その中には、オープンしたばかりの、大きな商業施設に入っている店舗も含まれます。そうした施設には、流行を体感しようと、土日祝日に大勢の人が集まります。特に五月は、GWや天候の関係で一番集客がある月。つまり、五月の成績が予想より良かったのは、流行の施設に依存していたからにほかならなかったわけですが、当時そのことには気がつきませんでした。

そんな状態のまま、オープンしたばかりの銀座ストックの様子を見にいったり、その取材の対応をしたり、さらには社員旅行の準備をしたりしているうちに、六月はあっという間に過ぎていきました。

梅雨時なのにやけに雨が少ないぞ、暑い日が続くなぁなどと思ってはいましたが、気候に関してもその程度の認識でした。まさかそのまま記録的な猛暑に突入するとは、想像もしていません。何の分析も対策もない状態で、本格的な夏を迎えました。いま思い出しても、信じられないお気楽さです。

しかし、そんなのほほんとした雰囲気の中でも、多少の変化がありました。

まず、転職してきたばかりの商品部の松尾が、「マネージャー会議にオブザーバーでもいいからださせてほしい。売り上げ不振の分析と対策が気になる」と言ってきました。

また、席替えを強硬に提案してきた者もいました。営業と社長が離れていると現実感がなくなる、それはおかしい、というのです。そして、売り上げのデータ分析を主張する者も現れました。「店舗毎の客数の対昨年比を全時間毎に追えば、問題を特定できるはずだ」という主張でした。

しかし結局、こうした声は、すぐには反映されませんでした。この時点では、私の危機感にも、まだ火はついていなかったのです。


七月一日、嵐の前の静けさ――。

スマイルズ初となる女性の営業管理職が誕生しました。六本木ヒルズ店のストアマネージャーを務めていた女性が、店舗を統括するエリアマネージャーに昇進したのです。そして彼女は、〝カレーディナーセット〟という、非常に新鮮なメニュー案をひっさげて本部にやってきました。

カレーなどまったく新鮮味はない、と思われるかもしれませんが、私たちにはどこにもないスープ屋としてのこだわりが強くあり、オリジナルのメニューを追い求めるあまり、「人気のカレーをメインにしたメニューを作る」という当たり前の発想が出てくる状況になかったのです。

カレーをスープと呼べるか、呼べないのか……。こんな議論が繰り広げられるなかで、驚くべきことがわかりました。「遠山さんはきっと嫌いなはずだ」「いや、遠山さんは以前こうも言っていたじゃないか」などなど、社内では、私の物の好き嫌いを巡って、堂々巡りのやりとりが行われていたのです。

確かに、以前よりも本部から店舗へ指示することが多くなっていました。そこには、ブランドとしてのイメージを統一して質を良くしていこうという狙いがあったのですが、現場には、その意図まで伝わっていませんでした。そのために、私に近い所にいる本部のメンバーが偉くて、現場は私の意図を想像するしかないという構図ができ、不満が蔓延していたのです。

また、その頃、各店が達成すべき「売上予算」が、その店舗に伝わっていないという、とんでもない事態も判明しました。本部と店舗の間には、いつの間にか大きな溝ができていたのです。

七月十二日、六月の業績が発表されました。悲惨でした。四、五、六のたった三ヶ月で、創業してから貯めてきた貯金を使い切ってしまいました。「ニューヨークルーム」や「銀座ストック」といった冒険的な出資もあって、このままでは半年ももたずに資金がショートしてしまう可能性も強まってきました。

その頃には、社員の間にも、業績が相当悪いのではないか、という不安が広がっていました。だからこそ改革のアイディアを出してきた者がいたのですが、この日出てきた容赦ない数字は、改革への覚悟を後押しするものとなりました。

それから一週間ほどの間に、実に多くの事が決定しました。

本部と店舗の対立は、情報が正確に伝わっていないことが原因だとわかりました。改善するには、情報と考え方を共有することにエネルギーを割かなければならないことを確認し、社内向けのメールマガジン作りもこのとき決めました。

また私は、マネジメントという言葉の意味や、経営についての考え方を、はじめて真剣に学び始めました。

これまで私は、「言いたいことがあれば、私を捕まえて、堂々と提案して欲しい。自分もサラリーマン時代はそうしてきたんだ」と、私の信念を社員に伝えてきました。しかしそれは、上司との距離が近いとき、あるいは、将来像や仕事に対する考え方を共有しているときに初めてできることなのだと気がつきました。現実には、そこまでの関係に至っていない社員も沢山いたのです。

マネジメント会議と呼んでいた重要方針を決める意思決定の会議では、さまざまな改革への取り組みが検討されました。

私は常々、大企業によくみられる、閉塞感のある縦割りの仕事の仕方が嫌いでした。それよりも感性を重視し、素敵な会社を作ろうと立ち上げたのがスマイルズです。仕事の仕方も、デザインや雑誌編集、レコード製作などのような「プロジェクト型」が良いと思ってきました。背広もネクタイもしないで、異業種の才能達が意見を交換しながら物事を決めていく、あの感じです。私はそれを、「スパゲティ型」なんて呼んでいました。

しかし、これは「攻めるに強く、守るには弱い」やり方であることもわかってきました。社内の誰も、店舗の営業の結果に責任を持つ構造になっていなかったのです。私は自分の認識が甘かったことを思い知りました。

「スパゲティ型」から「定食型」へ。おかずがきちんと仕切りに収まっている幕の内弁当のようなイメージです。分業して、それぞれの仕事に責任を持ってもらう。個人の個性を信頼し尊重すれば、自分たちらしくできるはず。とにかく、そう信じることにしました。

そして経営を大改革するにあたり、マネジメント会議の目的を次の二つに決定しました。一つ目は、会社を「沈まない船」にすること、二つ目は、従業員を主役とし、私や幹部は、彼らが活躍できる「舞台環境」を整備する役割に専念すること。

こうして**七月二十日**、運命の店長会を迎えます。

原因不明の業績悪化や資金繰りの安全水域突破という現実は、早期発見はしたものの、予想以上の速度で悪化する胃癌のように、あっという間にスマイルズもスープストックも食い尽くしてしまいそうな勢いでした。これといった効果的なアクションを起こせていない中で、この状態を食い止めるには、全社で危機感を共有するしかないという結論に達し、まず店長会でそう伝えることにしました。

店長会までの数日間、幹部で集まって店長会をどういう場にするか、夜を徹して話し合いました。会議の議題が決まったのは、当日の朝五時。それからリハーサルも行いました。

会議ではまず、現場に対して今まで無策だった事や、情報や考え、方針を共有してこなかった事を、私が全力で詫びました。予算が伝わっていないなど、会社として有り得ないことだ、「会社っぽくない会社をつくる」という言葉が誤解を生じさせ、無責任な体質を産んでしまった……。

本来、現場で一番うれしいことは、お客さまから褒められること、そして売り上げが上がることです。そのために現場では、POPをだしてみたい、ポスターも欲しい、といったことが熱く語られていました。「だけど、きっとそれは遠山さんが駄目と言うだろうな」「普通のファストフードっぽいと言われるかも」「ダサイって言われたらどうしよう」――。

蔓延していたこうした不安を取り除き、現場の美意識と情熱を信頼することを宣言しました。そして、営業部長と二人、店長たちに「この窮状を乗り越えるために協力してもらえないか」と呼びかけました。

額にはぬるっとした汗が滲んでいました。気温はその頃、連日三十四度を超えていました。この後、スマイルズ史上最大の強敵として立ち塞がることになる「戦後最悪の猛暑」が始まっていました。そしてこの日は、「炎の七十日」の戦闘開始日となったのです。

七十日が経てば、九月末を迎えます。十月以降の秋冬、スープ専門店にとっての繁忙期を良い状態で迎えようという狙いです。あるいは、七十日間本気でやって成果が得られなければ、短期での復活は難しくなる、という厳しい覚悟でした。

私たちはまず、①客数増加②新商品投入③教育強化④仕組化、の四つの方針を打ち出しました。

それにはまず、精度の高い予算を組み直すこと、戦略をたてること、部下と腹を割って面談し熱を伝えること――。七月二十日を境に、やらなければいけないことが次々と降ってきましたが、膨大な仕事をどこからどう処理すればいいかも分からない状態。これまでやったことのない仕事に、営業部を始めとする本部は、手も足もでませんでした。

しかし、とにかくやるしかないと、翌日から営業部は毎朝七時に集まり、朝会を開くことにしました。そこでは営業部長とエリアマネージャーが中心となり、その日の仕事を話し合い、段取りの確認をし、さまざまな報告をする。その後、明け方まで各自の仕事を行い、また朝七時の会議で、よりよい仕事のやり方を話し合う。池本や人事部の高梨も参加していました。

こうして書くと大人しく見えますが、朝会の実態は、緊張感が張りつめ、壮絶な意見が飛び交う、まさに〝血と汗にまみれた〟ものでした。会議というより、喧嘩のようになってしまうこともありました。

しかし、そんな営業部の努力の甲斐もなく、七月も散々な結果となりました。

猛暑の他にも、業績悪化の原因が幾つか分かってきました。

まず、それまで夏のスープにあまり力を入れていなかったことが、大きく響いてきました。スープ屋の最大の弱点は夏だと、企画段階から耳にタコができるくらい言われていたものの、実はそれまで、本気で夏対策に取り組んできませんでした。

一号店のヴィーナスフォート店では、夏休みの八月が一年で一番の売り上げをあげていたこともあり、最初の数年は「夏でも売り上げはそんなに落ちないな」という印象があったのです。ところが店舗数が増え、路面店や駅構内の店などもできてくると、やはり夏は当たり前に弱くなっていくものだと改めて思い知らされました。

また、コールドスープは、ビシソワーズにしてもガスパチョにしても、ご飯かパンを一緒に注文して食事にしよう、という感じになりにくいものです。それで商品開発が手薄になってしまった面もありました。

そして私のイメージでは、暑い中、湯気を立てているスープなど飲みたくないとは思っていても、いったんお店に入れば、エアコンの効いた店内で温かいものを飲むだろう、という思いが強くありました。ラーメン屋における冷やし中華のようなもので、冷やし中華につられてお店に入るけど、結局、好きなラーメンをいつものように食べてしまう。

しかしやはり、お客さまが入ってくれるのは、魅力的な冷やし中華があってこそです。温かいスープに負けない魅力をもったコールドスープを豊富に開発してこなかったのは、大きな失敗でした。仮説検証もせず思い込みに流されていたことは、大きな打撃となって返ってきました。

もうひとつ、それまでは新しいスープを月にひとつ作っていたのですが、「売れている〝東京ボルシチ〟や〝オマール海老とわたり蟹のスープ〟こそ本当にこれでいいのか、ちゃんと検証をしよう」ということになり、新メニューの商品化をストップさせていたのです。不二家のショートケーキにしても、スーパーで売っているマヨネーズにしても、ずっと同じ味を保っているようですが、実は少しずつ改良が重ねられています。それと同じように、ボルシチにもっといい肉を使えないか、味は甘すぎはしないか、など新たな見直しをしようとしていたのです。

しかし結果的に、これもダメージに拍車をかけました。新商品がないことが、リピーターのお客さまの足を遠ざけることにつながってしまいました。

毎日、各店舗から寄せられる報告には、売り上げの渋い数字が書き込まれていました。店長のコメントも、なんとか元気を出そうと自分を奮い立たせていましたが、悲壮感がにじみ出ていて、読んでいるだけでもその辛い心境が痛いほどに伝わってきました。

そして、店舗からはいよいよ不満があがってきました。「一緒に乗り切っていくと言ったわりには、何のあたらしい取り組みもないじゃないか！」という怒りの声の通り、店舗側には、改革の様子が伝えられないままだったのです。

スマイルズでは、かけ声は立派だけど現場の役に立てないマネージャーのことを、「借金マネージャー」と呼びます。まずは現場への情報伝達をしよう、店舗の信頼を獲得しようということで、この頃から「借金を返してから、仕事をしよう」と言い合うようになりました。

なんとか対策を講じなくては、猛暑にやられて会社が干上がってしまいます。

慌てて新商品を検討し、八月には〝ゴーヤと豚肉と袋茸のアジアンスープ〟を出しました。慌ててはいてもクオリティには妥協をしませんでしたから、これが実にいい仕上がりになりました。アジア風のあっさりしたベースに、ライムが入って酸っぱ辛く、ほんのり沖縄テイストです。透きとおったスープにゴーヤの緑が鮮やかに映えて、見た目も涼しい感じでした。このスープがバンと売れてくれて、非常に助かりました。

店内の販促物に関しても、小さなPOPを作ったり、トレーシートの方針を変更するなどの手当てをしました。トレーシートはセールスアップを意識して、それまでのイメージ重視のものから、商品の魅力がダイレクトに伝わるものに重心をずらしました。

また、Sサイズのスープを二種類とパンかご飯を割安価格で提供する「スープストックセット」を早急に作りました。このセットは少し単価が高いので、客単価のアップにつながる効果がありました。

八月三日、ようやく店舗にも、新しい手を提案することができました。「店舗毎個別販売促進計画（BSP：BY STORE SALES PROMOTION）」といい、まさに現場を知る店舗から、販売促進のための提言を個別に打ち出してもらおうというものです。これまでは本部から現場へ、というトップダウン型の流れしかなかった状況に、ボトムアップ型という逆の流れを作る、新しい試みでした。

忘れもしないBSPの企画第一号は、アトレ四谷店の店長が提案してきた「四谷セット（マンゴージュース＋ゴーヤの新作スープ＋パンまたはご飯）」でした。大した販促ではないと思われるかもしれませんが、それまでの販促は本部主導だったので、現場からの提案というのは全く意味が違う、まさに現場を信頼するという意味で大きな転換点となったのです。最初から大成功とはいきませんでしたが、翌月、その翌月と改良されていった四谷セットが、後にはセールスに欠かせない大きな戦力になっていきました。

この他にも、アイスクリームやミキサーで作るジュースを検討したり、ディスプレーを改良したり、試食試飲キャンペーンを展開したり、果ては、店舗に隣接する大きなビルに営業をかけ、電話注文を受ける仕組を実験したりもしました。

私もただ本部の席にじっと座っていることなどできません。現場で出来ることといえば一緒に声を出すことくらいではありましたが、鳥居と二人で「たすき隊」と称して、猛暑の店頭に立ち、呼び込みをしました。

八月四日には、時間帯毎の全店の客単価、客数の推移が、ほぼリアルタイムで把握できるシステムができました。「炎の七十日」を迎えるまで、会議で分析をしようにも、暑さと売り上げの関係を知るためのしっかりしたデータをとることもしていませんでした。そこで全店に、一日の気温の変化を記録し、売り上げとともに提出してもらうようにもしました。

分析すると、さまざまなことがわかりました。セールスは実際の気温より、体感する温度差に影響されること。午前中早い時間には涼しかったのにその後グッと暑くなった日はセールスが悪く、非常に暑い日でも、それが三日ぐらい続いているとまた売り上げが戻ってきます。こういった情報があれば、コストを削減する工夫ができます。

店の予算というものは、まず年間予算があり、そこから月々の予算、日々の予算にブレイクダウンし、日割りの数字が出てきます。その数字を、去年の実績や、気温と売り上げの相関データ、今後の天気予報と照らし合わせ、スープの仕込みやパートナーの数を計算し、無駄をあらかじめ省いていく努力をしました。

一時は錆びて軋んでいた本部と店舗の間の歯車も、メンバーが夢中で仕事をこなしていくことで、徐々に嚙み合い始めました。本部と店舗をつなぐメルマガが始まったのは、八月五日でした。

前述したデータ検出システムは、マネージャー会議を見学だけでもさせて欲しいと言っていた松尾が徹夜で仕上げたものでした。また、「スマイルズで最もきれい好きな男」と言われた松井の定宿は本部の机の脚元になりました。営業の仕事は皆の仕事。自分を犠牲にすることを厭わないメンバーの献身的な努力が、この時期を支えていました。

しかし、メンバーの中には、過労で倒れるものも出始めました。また、オーバーワークや急激な業務の変更、あるいは家庭の事情などで、何人かの仲間がこの時期に戦列を離れてしまったことも事実です。営業部長もその一人でした。

八月十一日、池本が営業の本部長に立候補の手を挙げてきました。「売り上げを話題にするのは、売上至上主義であり、品がよくない」「利益ばかりを求めるのはウチらしくない」といったスマイルズの企業文化を見て、「まるでNPOのようだ」と手厳しく批判していた急先鋒が彼でした。これまたスマイルズでよく使われる言葉に、「自らバットを振る」というのがあります。解説や批判はいいから、自分でやってみろということです。彼自身、店舗営業の経験の無い素人でしたが、まさに火中の栗を拾う、バットを振ってみる意気だったのでしょう。

またその頃、現場のアシスタントマネージャーと本部のチームの間で、今も社内で大切に使われている言葉が作り出されました。

「売り上げは『お客さまが評価してくれた魅力』の同義語である」、「売り上げを客数と客単価に分けて分析しよう」。明るく前向きに捉えるために言葉も工夫しました。「客数重視の販促を〝ジャイアン〟、客単価重視の販促を〝スネ夫〟、両方に効果ある販促は、〝ドラえもん〟と呼ぶことにしよう」。

八月二十日、再び店長会。

八月二十三日、〝東京ボルシチ〟改訂版の投入。これは、苦境を脱するためのいいきっかけになりました。目玉商品の復活を楽しみに待ってくれているファンのお客さまもいました。私たちは、再登場を大々的にプッシュしようということで、トレーシートと、小冊子「東京ボルシチ物語」を作って店に置きました。〝東京ボルシチ〟Rサイズとほかのスープのサイズで千円という「ボルシチ・セット」を作ったことも功を奏し、お客さまからは非常にいい反応がもらえました。これでちょっと救われたな、という手ごたえを、やっと感じることができました。

詳細なデータ収集やBSPの浸透など、矢継ぎ早のアクションが実を結び始めたのは、まさに残暑も厳しい九月になってからでした。そして**九月最終日**。「炎の七十日」の終わりと設定していた三十日の夜は、本部のメンバーもそれぞれ親しい店舗の応援に向かいました。

この時期を振り返るたびに、もう一つ思い出される出来事があります。それは、異物の混入です。

八月に入り、包装資材やパン、そしてスープから立て続けに異物が発見されるという、考えられない事態が起きました。

スマイルズは品質へのこだわりと、誠実な対応を信念に作り上げてきた会社です。売り上げが厳しい時期とはいえ、不安が残る商品を店頭に並べることはできません。クレームを頂いたり店舗のスタッフが異変をみつけたりするたびに、それらを回収、分析したのはもちろん、危険が予測された場合も、全ての関連商品を回収しました。

謝罪と商品の回収や変更をするために事業提携をしている企業を訪れているまさにその時、新たな異物混入事故の連絡が携帯電話を鳴らしたこともありました。謝罪をしながら、また別の事故の報告と謝罪を重ねるという恥ずべき事態でした。

そして、お客さまへの通知や謝罪については、さらに困難を極めました。店頭での謝罪や通知のツールを徹夜で作ることになりました。また、全店のストアマネージャーが、パートトナーなどあらゆる現場のスタッフに、緊急対応の仕方を手取り足取り徹底しなければなりません。

売り上げ不振も、猛暑も、異物も、人手不足も、全てが待ったなし。非常事態が連続して起きた七十日。思い出すのも苦痛の日々は、まさに「炎の七十日」でした。

多くの代償を払い、戦いぬいたあの時期、五つの貴重な学習をしました。

一．（過去の）経営の不作為の帳尻は必ずどこかで合わせなければならないこと

二．みたくない現実ほど早くみて早く対処を決める必要があること

三．人材は、「やりたくて・やれる人」でなければ仲間も本人も苦労すること

四．言いづらいこと、大変なことを要求しあえることが、仲間の資格であること
五．スマイルズはどんな苦難の時でも、個人としてのユニークさとチームとしての強さを持ち続けられるということ

一人ひとりが考えられないほどの仕事量をこなし、また、夏対策やデータ検出システムの構築が出来たことで、「炎の七十日」を乗り切った頃には基礎体力がついたのは事実です。

しかしこれで一件落着などというと、手厳しい部下達からまた反撃されます。あんな苦労を現場に強いているようでは、企業理念である「生活価値の拡充」は全く実現されていませんか。むしろ、よその会社よりずっと、それこそ「拡充から最も遠い」厳しい環境に追いやってしまったではないか。この痛烈な皮肉は、今も私を責め立てています。

第五章　スマイルズの人々

私は子どもの頃、とてもおとなしい子でした。友達と数人で歩いていても、いつも列の後ろのほうでした。そして道端の花だとかガラクタだとかについ気をとられ、立ち止まって見入ってしまう。そうすると前を歩いていた友達も私のところに引き返してきて、そのガラクタの話題になります。再び歩き出して私がまた寄り道し、というパターンでした。その様子を見た有名な教育者の方には、「この子には人が集まってくるから将来大成する」と言われました。

確かに私は、これまで、とても人に恵まれてきました。それは自信を持って言えます。スープ専門店を企画したときも、スープストックの一号店を作るまでも、スマイルズを作ってからもそうでした。

スマイルズの一番の財産は人です。私は、いい仲間と仕事がしたいという欲が強く、「我こそは」という人を、内に、外に求めることに執着しています。そしてまた、集まってくれた人たちを、将来の発展における「最大の武器」にするために、いろいろな企てをおこなっています。

生活価値の拡充

二〇〇四年秋、スマイルズは「生活価値の拡充」という企業理念を制定しました。「日々の生活そのものを立ち止まって見つめ、生活自体に価値を見出し、それを少しでも拡げて充たしていけることのお手伝いをしていこう」というものです。

とくに日本人は仕事熱心で、平日は朝から夜中まで働いて、週末も仕事でゴルフに行くような人が少なくありません。また単身赴任で、家族がバラバラに暮らす家庭もあります。そうしてずっと仕事に追われて生きてきて、気がつくと六十歳を迎えている。そんなふうに、仕事のために生活を犠牲にしたりないがしろにするのではなく、生活自体に当たり前に価値があるということを忘れないように、日々の生活を味わいながら暮らしていこう、ということです。

どこの会社でも言えそうな理念だ、と言われるかもしれませんが、私たちは本気でその実現を思って、日々の仕事に就いています。

私がスープストックを実現するきっかけともなった「なんでこうなっちゃうの?」という思いは、高度成長期以降に並行して進んだ二つの事象の狭間で生まれた、素朴な疑問でした。

その一つは「経済」の成長です。需要が供給を上回っていたその時代、社会は追いつけ追い越せという経済偏重の姿勢で歩み、質はともかく、モノを作ることが主役でした。

もう一つは「生活」の向上です。一九六〇年代以降に欧米文化が豊かに流入し、音楽やファッションをはじめモダンで質の高い生活が日常化していくプロセスを、私はリアルタイムで体験してきました。青山で生まれ、今でいうミッドセンチュリーの家具に囲まれて育ち、中学の時に『ポパイ』の創刊号を手にしました。

現在はどうでしょう。

「経済」はバブル、崩壊、低迷など激しい変遷を経ましたが、日本においてはいつも主役の座にありました。

が、もう一方の質の高い「生活」は実現したでしょうか？　現在の世の中は、ファッションやデザインが溢れ、モノやコトの意義や生き方も考えさせられる時代になったと思います。ですが、決して質の高い生活が実現したとは言えない状況です。

経済と生活という、この二つの狭間に大きなずれがあります。大事な生活が、ないがしろにされているのを感じていました。

それを見直そうという提案を、私たちは「生活価値の拡充」と呼んだのです。

スマイルズの五感

「生活価値の拡充」を実現させるにあたり、それを底で支えるものとして、私たちは「スマイルズの五感」を定めました。

スマイルズの規模は大きくなり、それまでのようにひとつひとつの決定を、私個人の好き嫌いで決めて進めていくべき状況ではなくなってきていました。そこで「スマイルズらしさ」を共有するため、三ヶ月をかけて社員にアンケートやインタビューを繰り返し、議論を尽くしました。そうしてあぶりだされたのが、次の五つの言葉です。

「低投資・高感度」「誠実」「作品性」「主体性」「賞賛」。

こうして生まれた企業理念と五感を示すのに、絵本を作ろうかと検討しましたが、いくらかわいくても本棚の肥しになるのでは意味がない、もっと身近で実際に使い倒して欲しいと考え、社員全員に黒いバインダーを配りました。そこには、スケジュール表などと共に、企業理念と五感が、その言葉に合った写真とあわせて収められています。一つずつ説明いたしましょう。

①「低投資・高感度」。これは、私がスープにたどりつく前に考えたキーワードです。ここでの〝投資〟というのは、たんに金額のことだけではなく、規模や時間、労力などさまざまな投資を含んでいます。また〝感度〟は、センス、アンテナ、ひらめき、ときめきといったところでしょうか。

この言葉には、「百人のレビューと一人芝居、どちらが好きですか」という文が添えられています。パッと見では百人のレビューのほうが豪華に思えるかもしれませんが、一人芝居を間近で観るほうが、かえって贅沢とも言えます。単純に百より千が偉い、ということはない。俳句や短歌のように、ある種限られた世界だからこそ際立ってくるものもあります。ソニーの製品のように、小さくなればなるほど洗練されていくものもあります。さまざまな制約や条件の中でこそ、優れた知恵やセンス、ひらめきが育まれることもあるのだと思っています。

②「誠実」。社内で、「スマイルズらしさとは何か」をヒヤリングしていくと、この言葉が多く浮かび上がってきました。ならば、それを堂々と言ってしまおう。ただし、誠実とは単に良い人であるということでなく、相手にも言うべきことは言う、という態度を含めたものです。

この言葉に添えた写真は、スープストック京急品川店の壁一面を、大きく飾っているのと同じものです。多摩川にかかる鉄橋を京浜急行線が走り抜けてゆくシーンをとらえた写真で、澄んだ青空とゆったりとたたずむ多摩川が広がっています。

しかし、この写真には多摩川沿いに並ぶホームレスのブルーテントが写っていました。品川店がオープンして三日経った日、京急よりその部分を修正するか、全面的に替えてほしいとの連絡がありました。京急の役員の方がご覧になって、ブルーテントはふさわしくない、とのことでした。

私たちは了解し、替える段取りを考えましたが、併行して、ブルーテントが写っているのを勿論知っていて飾ったその意図を、手紙にして京急に渡しました。

『（抜粋）撮影は、九月の良く晴れた朝四時半から車でロケ地を探し、多摩川のあの場所に行き当たりました。

鉄橋の横の柳が水面に映し出され、青空とその影のコントラストが強烈でした。

朝六時、とても気持ちの良い空で、川沿いの足元には日雇いの人が寝転がっていましたが、とても穏やかで幸せそうでした。向かい側にはブルーテントもありました。

京急線が走ってくるシャッターチャンスを一同緊張しながら待ちました。

写真ができて、青い空、京急さんの車両、柳と影が大変美しく、日本離れした風景だと思いましたが、ブルーテントが写っているおかげで、ちゃんとＴＯＫＹＯになりました。ただすかしたカッコいいだけの風景写真ではなく、トリミングしないドキュメンタリとしての実写がどっしりと定着できたと感じました。

また、現代の日本の写真表現の文脈としても、ただ美しいだけの風景よりも、時代を切り取り、真実を伝え、写真の向こうに意味や息遣いが伝わるものが今の表現であると思っています。特に海外からの目で見たとき、あのブルーテントがあることでリアルトーキョーとしての興味を持ちえるのではないかと想像します』

京急からは、写真を差し替える必要はありません、と連絡を頂きました。クリエイティブ・チームは「ＯＫになった！」と大喜びし、皆でバンザイをしました。意図を持ち、信じて行っていることは、先方に誠実に伝えれば理解してもらえるのだという、大切な経験になりました。

③「作品性」。作品を発表するというのは、なかなか根性のいることです。表現するということは、自分の知性や感性を丸裸にし、そして「ちっともよくない」などと批判される

リスクがある中で、自分の名前をサインして提示することです。

スマイルズでは、それぞれの人がそれぞれの持ち場で作品を作り、サインをするつもりで提示してもらいたいと思っています。スープを作る田中さんは、愛情をこめて丁寧にスープを作って田中のサインをし、スープを注ぐパートナーの鈴木さんは、早くキレイに愛情をもってスープを注いで鈴木のサインをする、そのような意識が大事ということです。

一方、あまりに「作品性」を意識しすぎてしまうと、完成度を求めるあまり臆病になり、「まずは、やってみよう」という勇気や機敏な動きを邪魔することもあります。そのバランスが大切です。

④「主体性」。岡本太郎さんの本に「例えば野球、いいチャンスにホームランがでる、みんな大喜びです。でも、あなたはそれに指一つ動かしたわけではない。結局『自分』は不在になり、楽しむつもりで逆に傷つけられている」とあります。観客席から監督の采配に文句を言って怒鳴るのも簡単でしょう。しかしそれでどうにもならないことも知っている。ならば、ネット越しに言うのではなく、身近な試合でもいいから、まずは自らバットを振ってみる。最初は三振でもしょうがないでしょう。でもランニングホームランでも出れば、自信になります。「自らバットを振って」、問題を自分のものとして取り込んでみることで、

責任感もでるし、自信にも繋がります。

⑤「賞賛」。なんで私たちはこうやって頑張ってやっているんだろう、と突き詰めて考えたとき、「褒められたい」という素直な気持ちが皆の心の中にあることがわかりました。お客さまに褒められたい、仕事仲間に褒められたい、自分自身に褒められたい……。

ならばストレートに「賞賛」と言ってしまおう。

仲間の良いプレーもちゃんと賞賛しよう、というものです。

日本には謙遜という美徳があって、自分が褒められてもそれを正面から喜ぶのを躊躇してしまったり、褒められようと求めること自体を躊躇してしまったりします。でも、その美意識もいいけれど、皆の心の中に「褒められたい」という気持ちがあり、褒められることがその人の喜びとパワーになるのだったら、思いきり褒め合っていきたいと思うのです。

「スマイルズの五感」の五つの言葉は、日常業務のなかで、しょっちゅう登場します。ストアマネージャーとパートナーの間でも「これ作品性高いかな?」「それは賞賛だね」など、経営会議でも、あるいは採用のときでも、五感に照らして評価をしたりします。

何故これほどよく使われ、うまく機能しているかといえば、どこかから借りてきた言葉ではなく、そもそも私たちの中にあった言葉だった、というのが非常に大きな要素だと思います。もともと内在していたものを表に浮き上がらせたので違和感がないのでしょう。

五感を決めるにあたっては、漏れやダブりがないかを検証したりして、相当な議論を重ねました。スマイルズらしさ、という抽象的なものを五つの言葉で表すのは本来無理があるでしょうし、「高感度」や「作品性」など、普段はあまり使われない言葉も入っています。

しかし、これを決めて実行したことに意味があったと思います。五つに決めて、使っていくうちに、スタッフそれぞれの中にスマイルズらしさというものが芽生え、宿り、それらがどんどん一つに集約され、「らしさ」が強固になっていくのを肌で感じます。会社ができた最初の頃は、私の中にあっただけのもの、あるいはたんなる私の好き嫌いですらあった「スマイルズらしさ」は、「生活価値の拡充」と「スマイルズの五感」によって、何倍にも膨れ上がり、すっかり一つの人格ならぬ「社格」として形成されたわけです。

人事評価の見直し

「スマイルズの五感」ができあがった後、私たちは「経営計画発表会」をおこないました。

第一回目となるこの会では、できたての「スマイルズの五感」のビデオを上映しました。五感を理解してもらうために、人事部を中心とした製作チームが徹夜で作ったものです。

そして、先ほど触れた揃いの黒いバインダーを配りました。「生活価値の拡充」や「スマイルズの五感」が写真とともに提示され、最後のページには、受け取った本人の顔写真と名前が入っています。その背景となる写真は全て、私が一人一人の顔を思い浮かべながら、今まで海外に行ったときに撮りためたものや、日常で撮ったもののなかから選びました。現代のお姫様を想像させるスタッフには、会社の近くの現代の城を思わせる建物の写真。職人肌のヤツにはカナダの屈強な漁師の写真など、本人からイメージされるものとかぶらせながら選びますが、なかなかに骨の折れる仕事でした。

経営計画発表会では、中期および長期の目標の発表をしたあと、評価制度の改革についても説明をおこないました。この年、スマイルズは人事評価制度をかなり変えたのです。目標を達成できたかどうかの「結果」、そして「能力・スキル」と、ふたつの視点を設定しました。

能力の高い人が良い結果を出せるかというと、必ずしもそうではなく、シチュエーションに左右されることがあります。たとえばすごく努力をしているストアマネージャーで、高いスキルもあって、日々その力を発揮して頑張っているのに、たまたま店の近くのコンサートホールが二ヶ月間改修工事のために閉鎖されたせいで、セールスがガタ落ちになるということがあります。

反対に、能力はあまりなくても、施設のパワーなど良い条件が揃って、いい結果がでることもあるわけです。そこで、正しい評価をするために「結果」と「能力」の両方をすくいあげる二本柱にしました。

「結果」の判定には、ＭＢＯ（目標管理制度）を採用しました。半年たって目標が達成されていれば高評価になり、これが賞与に反映されます。

今では多くの会社でやっている当たり前の制度ですが、飲食業は売り上げ以外は数字に置き換えにくい分野でもあるため、スマイルズでは使っていませんでした。しかし、サービスやスピードなども数値化することで目標や問題がより具体的になることがわかり、取り入れました。

一方「能力」の査定では、自分の能力を日頃からブラッシュアップしていき、実力をつけていったと認められた人には、その評価を月々の給料に反映します。

これを判定するのにさまざまな項目がありますが、「スマイルズの五感」が実践されているかどうかも評価の対象になります。主体性を大切にしながら働いているか、自分の仕事を本当に楽しくするための努力をしているか、というような項目です。

つまり、この二本柱で評価する制度は「お金を稼いだら、あなたに還元します」というだけでなく、その姿勢も問うものになっています。「作品性を大切にしながら、売り上げをちゃんと上げよう」。これが、スマイルズが求めていることです。

この制度が機能し始めてから、スタッフの緊張感が変わってきました。「いい感じ」だけのメンバーではなく、物事を正面から捉え、自分の立ち位置を測り、何をすべきかを考えて実行できるメンバーに変わっていきました。また、利益と社会への貢献度の両方のバランスをとれるメンバーになっていきました。

ちなみに、私自身もＭＢＯの目標を設定していて、そのうちのひとつが「社員が全員、夏休みを取る」というものです。皆が夏休みをとってくれないと、私の目標が達成できません。先日もストアマネージャーが三人やってきて、「遠山さんのＭＢＯ達成のためにハワイに行ってきました！」と恩を売るかのように、楽しく報告をしてきました。

初めての社員旅行

「炎の七十日」が始まる、少し前のことです。スマイルズは、はじめての社員旅行を行いました。売り上げは悪く、大変な時期にさしかかっていましたが、いま振り返ると、この旅行については楽しい記憶ばかりが思い出されるから不思議です。

なるべく多くのスタッフが行けるようにと人繰りをして出かけた先は、静岡の興津川。バスはまず、スープストックのスープのベースを作ってもらっているK社の工場に向かいました。K社で真面目にスープを作っている現場を皆に見てほしいと思い、視察をかねた旅行を計画したのです。

それまで、商品開発などに携わっていた者は何度も行っていましたが、ストアマネージャーたちが行く機会はありませんでした。初見学をした社員たちは、実際に丁寧にスープが作られていく工程を見て、「ここまでやっていたのか」と驚きの声をあげていました。

工場見学をひと通り終えたところで、K社の皆さんと興津川でバーベキューです。獲れたての活きのいい鮎を串に刺して、香ばしく焼いた塩焼きをかじりながら、私たちはスープの故郷を存分に堪能しました。会社のこと、店のことで不安を抱えながら参加していたメンバーも、ひと時、無邪気に楽しみました。

その後バスが温泉ホテルに到着すると、期待どおり玄関で「スマイル御一行様」と書かれた黒い特大の看板が出迎えてくれました。スマイルズの「ズ」が抜けていたのもご愛嬌で、後は温泉、宴会です。実は、以前から皆と、「温泉に入って、浴衣着て、広間にお膳をズラッとならべて宴会したいね。かくし芸かなんか見て大笑いしながら、舟盛りをつつくっていう社員旅行を一回やりたいよね」と話していたのですが、それをそのまま実現しました。

宴会では、ひとしきり自作コントや演芸があった後、最後に、私の出番がやってきました。広間の照明が落とされて暗くなり、スポットライトが当てられます。静かなBGMが流れる中、私は社員ひとりひとりの名前を呼び、それぞれに書いた短いメッセージを読み上げました。私は、いつもこのように「朗読」することが多いのです。

メッセージは前日、そして当日のバスの中で、ひとりひとりの顔やいろいろなシーンを思い起こしながら書きました。「この人とは本当に苦労を共にしてきました。というか苦労しかしていない」「アルバイトに惚れられなくてはダメです、という君の言葉は印象的でした」「彼は寂しがりやです」「以前聞かせてくれたスープホテルの話、いつか実現したいですね」などなど。朗読しているうちにひとりひとりの顔が浮かび、そのシーンが思い出され、胸がつまってきます。聞いている皆にも通じるものがあったようで、気がつくと涙々の宴会になっていました。

私は、最近どうも涙もろくて、しょっちゅう泣いています。最後は私から皆へのメッセージで締めくくりました。「私自身は、父から夢を、母から優しさを、三菱商事から信用と誠実さをもらいました。そしてスマイルズの仲間たちには、友情と信頼と能力と努力があります。スマイルズの仲間たちが一つになって、これからも世の中に新たな提案をどんどん行い、そして世の中の体温を少しでも上げるお手伝いをしていこう。われわれには必ずそれができると信じています」。

ひとしきり泣いてスッキリした私たちは、ホテル内のスナック「恋人岬」を借りきり、夜が更けるまでカラオケで弾けました。

「恋愛型」新卒採用

スマイルズは、二〇〇五年の春に、新卒の新入社員を迎えようと決めました。それまでは、すでに社会経験もスキルもある人を中途採用してきましたから、初めての試みです。人事部の高梨がリーダーとなって、採用作業を進めました。

人材派遣会社から中途入社してきた高梨は、それまで数千社にのぼる会社と、たくさんのクライアントを見てきています。いい人を集めるには、まず、採用のプロが必要だ。そう思っていた私にとって、高梨の加入はとても頼もしく感じられました。

彼がスマイルズに来たのが二〇〇四年一月、すぐに翌年の四月入社の新卒採用準備にとりかかりましたが、それでもかなり出遅れたスタートです。その時点で、早い企業は宣伝を終え、マスコミなどは第一弾の採用試験をひと通りすませていました。こうなると、正攻法ではなく、スマイルズらしい、独自の採用活動を全面展開するしかありません。

そこで私たちは、新卒採用のテーマを「恋愛採用」と設定しました。

会社と個人が結びつくことを結婚にたとえるなら、世間の新卒採用試験は、どこか「集団見合い」のようです。会社のほうも学生のほうも、お見合いの釣書のように自分についてのポジティブな情報を並べ立てて資料や履歴書を飾ります。でもそれだと、両者にとっての本当に幸せな結婚につなげることは難しいのではないでしょうか。お互い取り繕って結ばれても、実態を知って失望すれば、破局するのは目に見えています。

それより、会社と個人がお互いに相手を好きになり、ありのままの姿を見せあう恋愛関係を続けた果てに、納得して結婚するのがいいよね、という話になり、「恋愛採用」という考えをとることになりました。

実際の活動の第一歩は、日本武道館でおこなわれた就職フォーラムでした。これは人材のコンサルティング会社が主催した数社合同のもので、ソニーやトヨタ、サントリーなどの企業とともに、三菱商事が参加していました。学生が憧れる大企業ばかりです。そこで私は、三菱商事の「最近の取り組み」というような形で二十分ほど、三千人の学生たちの前で、スマイルズについて話をする機会を得たのです。

ほかの会社は、だいたいスーツ姿の人事担当者が出てきて、組織の説明をしたり「社員の一日」という形で実際の仕事について紹介したり、棒グラフを指しながら収益の推移などを説明していました。学生たちもリクルートスーツに身を包み、真剣な面持ちでメモをとっています。

私は、学生たちに数字や情報をメモしてほしいのではなく、とにかくスマイルズの取り組みやその底にある私たちの思いを感じてほしかったので、「アドレナリンがブァーッと出るようなことがやりたくてスープ屋さんを作りました」などと、かなり個人的なお話をしました。

学生はびっくりしたようです。このとき武道館にいて後に入社した社員たちからは、「異色だった」「袖がやけに長いセーターにプーマのブーツをはいて登場してビックリした」などと感想をもらいました。

その後、スマイルズの会社説明会の参加者を募集したところ、期待を大きく上回る七〜八百人ものエントリーをもらいました。そこから三百人に絞りましたが、通常であれば三百人を一堂に集めて会社説明会を行います。武道館では三千人でした。しかし私たちは武道館とは真逆に、五十回に分けて、一回につき六人、会社の小さな会議室で会社説明会を行うことにしました。そして、スマイルズの社員二名が約二時間、会社のことを語ります。

恋愛をするには、まず素のままの姿を見せ合える場が必要です。学生たちには、スーツでなく私服で来てほしい、とリクエストをしていました。六人の学生を迎えるスマイルズの社員二名は、各店長や本部の女性社員などさまざまなメンバーが分担し、私も時々加わりました。

プログラムの最後に、次のステップに進ませるかどうかの適性検査を設けてはいましたが、「会社説明会」という名のとおり、この小さな集まりはスマイルズという会社を知ってもらうための場です。担当したスタッフには、二時間近くかけて、自分はどうしてスマイルズに来て、今何をしていて、どういうことを思っているかを率直に話してもらいました。社員もまだ若いですから、学生とそんなに年齢が変わりません。同じぐらいの目線で長時間話していると、嘘を言ってもバレます。カッコをつけてもバレます。口下手な社員も、もごもごご言いながら一生懸命に喋っていました。また、あるときは説明会をしている部屋からガンガン笑い声が響いてきて、別室で仕事をしている私ものぞきに行ったりしました。学生たちも、いい具合に素の状態で、私たちと向き合ってくれました。

ただ、そうは言っても緊張しているかもしれないので、この会社説明会では、ちょっとしたアクティビティを取り入れました。ビー玉と鏡と色紙を使い、社員と学生で一緒に万華鏡を作りました。何でもないものでも、ちょっと手を加えることで意味あるものになるという「低投資・高感度」を感じてもらえればという思いでした。学生たちは作った万華鏡を覗き込むと例外なく歓声を上げ、他のメンバーのものと交換する。それをきっかけにぐっと雰囲気は和らぎ、学生同士も話をするようになります。

何年か経って、机の引き出しの奥に手作りの万華鏡を発見し、「ああ、あの時、あそこの会社説明会に行ったよな」なんて思い出してくれるのも嬉しいなと思います。

その後、二次面接では、高梨と学生が一対一で話をしました。

「結婚するまえに『僕の家には寝たきりのお爺ちゃんとお婆ちゃんがいるんだ。大切に面倒を見てやってほしい』とか『朝・昼・晩と、毎日三食、ご飯を作ってもらわなくちゃ困るんだよ』という、相手にとって嬉しくないかもしれない話こそ、キチンとしておかなくちゃいけないんです。でないと、結婚してから『デートはあんなに楽しかったのに、こんなことになるなんて思いもよらなかった』ということになります。それで結果、離婚なんていうことになったら両方を不幸にします。学生たちには、ネガティブな情報こそ、ちゃんと話しておきましょう」という高梨の言葉通り、かなり深いところまで話し合っていました。

答えに困って泣いてしまう子がいたり、ときにはこちらから「今、君がもっている選択肢から選ぶのなら、そっちの会社のほうが合うと思う」と話すこともありました。私たちはあくまでも、「相思相愛」を目指していたのです。

この面接を経て、最終面接に残った学生たちは、本当に優秀で魅力ある人ばかりでした。海外に留学経験があって語学が堪能でも、履歴書の隅にチョロッと書いてあるくらいで、そのこと自体を売りにすることもありません。自分自身をとらえてアピールしてきます。今の学生がすごくしっかりしていて、自分の考えをきちんともっていることに、私は驚きました。

スマイルズは、できたばかりの小さな会社です。三年後、五年後、十年後にどんな会社になっているか、構想はあっても実現するかどうかは誰にもわかりません。そんな話をしても、「そういうことなら、ますます面白い」「自分はスマイルズが今もっているものに対してだけ、興味をもっているのではない」という話が、学生からは返ってきました。

私自身が就職活動をしていた時代はバブルちょっと前の頃で、とにかくどこかの大企業に何とか入って、何をするかは入ってから決める、という感覚でした。経済という大きな河の流れがあって、その中に、日本も会社も、仕事も家族も個人も、皆、ゴーゴーと流されていました。就職するにも、その目的や辿り着く先を考えずにすんでいました。流れの力は目には見えにくいのですが、大きなパワーであったので、個人でそれをどうこうする必要もありませんでした。

ところが、その流れがピッタリと止まってから、十年以上が過ぎてしまいました。今は河は淀み、自分で泳ぎ続けるなり、岸にたどり着くなりしないといけない、大変な時代になりました。だから、そもそも自分がどうすべきか、どうしたいのかを考えざるを得ない、そうしないと沈むだけ、という状況にあるのでしょう。

そして彼らは、スマイルズという小さな支流を見つけて、うむ、この水はまだピュアだぞ、と自分で判断して泳いでこちらに向かってきます。そしてその支流を自分たちが先頭に立って切り開き、大河にしていこうという意欲に溢れています。あるいは、今はそこまで泳ぐパワーがなさそうだけど、澄んだ水にこそ適合する素敵な資質をもった人たちが集まってきてくれました。

この年は、新卒第一期でもあり、当初五～六名の採用を考えていましたが、結果は十七名となりました。とても落とせない人たちでした。

社内ファミリー制度

新入社員は、入社するとまず店舗に配属され、アシスタントマネージャーを務めます。

お店は経営そのものです。

人、物、金、情報といった経営に関るすべての要素が、ギュッと凝縮しているところです。ストアマネージャーになれば、それを実際にマネージしていかなくてはいけません。その人の管理職としての実力が数字にも如実に現れるシビアな世界であり、また同時に非常にやりがいのある世界です。大きな会社にいたり大きな仕事をしていると、相対的にその人の仕事は部分的になりがちです。このように若くして経営を経験できる仕事はそうはありません。

しかし、多くの人が、最初は飲食店への偏った印象をもっています。ハンバーガー屋さんの店長になったら、朝、昼、晩とハンバーガーを食べなくてはいけないとか、外食業は「売り上げ、売り上げ」と血眼になりながら、目の下にクマを作って朝も夜中も働く、といったようなイメージです。

スマイルズは、そのような偏った外食業のイメージを変えていきたいと思っています。私たちが目指す「生活価値の拡充」のためには、従来の外食産業の人材以上に優秀で、生活価値の拡充を体現し、憧れられる人になってもらわなくてはなりません。

そのための第一歩として、内定を出したあと、入社前にインターンシップをおこないました。半年にわたって毎週一回、全員に集まってもらったのです。

スマイルズと内定者は「恋愛採用」で結ばれはしましたが、この先結婚式を挙げるのがゴールではなく、結婚してからがスタートです。ですからインターンシップでは、スマイルズのことをさらに深く理解してもらうプログラムが組まれました。

また、「財務とは」「お店のＰ／Ｌ（損益計算書）ってなに？」といった、実際に店を回すことに関する知識も、こと細かく教えます。そして最後に、店を切り盛りすることを体感してもらおうと、ある課題を出しました。

私の母校である慶応大学で、十月に開かれる連合三田会大会という卒業生全体の大きな学園祭があります。そこに内定者だけで、スープストックとトーキョールーのショップを運営してもらうことにしたのです。前年の事例がありませんから、現場がどんな雰囲気か、本当に人が来るのか、右も左も分からない状態からのスタートです。

内定者たちは、勉強してきたことをもとに、原価計算をし、収支計画を立て、看板作りからスープの材料の調達まで、全部自分たちでやりました。

前日は最後の食材の仕込みでほとんど徹夜です。綿密な準備をしただけあって、当日は無事にオープンしましたが、注文があってからスープ一杯出すのに四～五分かかっています。基本的には手を出さないはずの先輩社員も、見守りながらハラハラと気を揉んでいました。

お祭りが終わる一時間前、用意した四百杯は、まだ予定したように出ていません。内定者たちは「どうしよう、余っちゃう」「やばい、やばい」などと言いながらそわそわし、お客さまを引っ張ってこようと走り回り始めました。別に売り切れなくても罰則はないし、私たちが何を言うわけでもないのですが、彼らは自然と「ひとりでも多くの人に食べてもらいたい」「完売したい」という気持ちを募らせ、バタバタしていたのです。

そして、時間ギリギリになって全部売り切ることができました。泣いたりしながら皆、バンザイです。最後の一杯を買ってくれたお客さまのところに飛んで行って、全員で記念撮影をしていました。

私たちは、商品の品質に関しては厳しく指導をしましたが、メニューは何種類か、何杯仕込むのか、予算をいくらに設定するのかなど、まったく指示していません。その状況で、内定者たちは時間帯毎の売り上げを予測し、コストを切り詰め、販促のツールを作り、そして終了の間際に予定数を売り切ったのです。やらされてやったことではなく、自ら立てた目標だったので、その実現の嬉しさもひとしおだったのでしょう。

インターンシップの期間中に、私たちは懇親会を三回開きました。私の自宅のベランダでバーベキューをしたり、イベントスペースになっている温室を借り、全員浴衣で集まったこともありました。

どれも身内でのささやかなイベントですが、少しでもスマイルズのエッセンスを感じてもらえるよう、社員たちも知恵と技をふり絞って、懇親会の準備をしていました。

新入社員といっても、人数の上ではスマイルズ社員の三分の一近くを占めます。数の上では、すでに会社の中心的世代なのです。彼らが何を目指してどんな仕事をするかで、会社のこの先の歩みが大いに変わってくる。だからインターンシップやさまざまなイベントを通じて親睦を深め、結束を強め、自分たちがチームワークを発揮していく必要性を充分にわかってもらう必要がありました。

二〇〇五年四月一日。池尻中学という廃校になった学校の教室を借りて行われた、初めての入社式で、新入社員に三つのプレゼントをしました。

ひとつは手作りの缶バッジ。新入社員ひとりひとりのイメージに合ったスープストックのスープを選び、その写真と社員の名前を入れた小さなバッジです。「高砂さんは、なんだか花嫁みたいな名前だから、トルコで花嫁のスープと呼ばれている〝赤レンズ豆と米のスープ〟にしよう」などと言いながら、スタッフで分担して作ったものです。

スマイルズの企業理念や五感を入れた、例の黒のバインダーノートも、一人ひとりに渡しました。

そしてもうひとつ、彼らへのプレゼントがありました。それは社内での「自分の家族」です。

これは〝ファミリー制度〟といって、新人ひとりに対して、お父さん、お母さん、お兄さん、ときにはお姉さん、という家族を、スマイルズの社員の中から選んで作るものです。配属発表と同時に、新入社員にはこの一年間の自分の家族が発表されました。

入社早々店舗に配属され、まったくの新しい世界に入る新人を家族でサポートしていこう、という意図です。辛いことがあったらお母さんが優しい言葉をかけます。また、お父さんにしか相談できないこともあるでしょう。身近なお兄さんは、仕事や人生の辛い面、楽しい面も含めて、手取り足取り教えてくれます。

家族になった社員も、自分の役割を楽しみながらも責任をもって実践しています。お母さんになるのは本部にいる女性ですが、朝、出社前にお店に顔を出して「だいぶできるようになったね」などと声をかけたりしているようです。本部に「最近あの子、元気がなくて」と最初に報告してくれるのも、たいていお母さんです。またお父さんが集合をかけて、食事に出かけている家族もいます。

また、この〝ファミリー制度〟は、新入社員の入社時のケアというだけでなく、今後、本部と店舗の距離を縮める上でもとても意味があります。スマイルズではあるときから、本部と店舗のコミュニケーションがひとつの課題になっていました。店舗数も増え、会社の規模が大きくなると、会社本部と、各店舗で店の切り盛りをしているスタッフたちの密着度が、自然と薄れてしまうのは仕方がないことです。でも、だからこそ、意思をもってコミュニケーションをはかることが、重要な意味をもってきます。

家族に育てられた新人たちは、家族とのつながりをもとに、本部と店舗の強力なパイプ役になってくれると思っています。

新人王とMVP

初めての入社式の後、スマイルズは第二回目の「経営計画発表会」をおこないました。社員全員が集まる貴重な日ですから、夜からの後半戦にも大切なイベントが予定されていました。前年の新人王、ＭＶＰ、ＶＰ賞の発表です。

スマイルズの五感のための、年間で一番大きな賞です。

実はこの授賞イベントに向けて、私たちはこっそり仕込みをしておきました。本人には内緒で受賞者の実家に行き、ビデオ撮影をしてきたのです。

新人王の石山君は、山形県の酒屋さんの息子さん。私は前週の週末に高梨たちと車を走らせ、彼の家を訪ねていました。

受賞者発表のセレモニーでは、まずビデオを流しました。私たちが代官山で車に乗り込む映像から始まり、車は高速道路に入ります。山形方面に向かっていることがわかった時点で、石山君は「あれ?」と怪訝な表情です。そして山道を走って実家に近づくと、「え、どういうこと?」と、どんどん緊張が高まっていきます。するととうとう「石山酒店」という看板が大写しになり、石山君は身もだえをしながら、わけのわからない悲鳴のような声をあげました。

映像には、石山君のお父さんが出てきて「遠いところをようこそいらっしゃい」と私たちを笑顔で迎えてくださいます。家に上がって自家製のお漬物(これがウマイ!)などをいただきながら、皆で山形の酒を酌み交わしすっかり気分も上々に。石山君のお母さんはカメラに向かって「テツヤ、よくがんばったね」と照れながらも優しい笑顔でメッセージを送ってくれました。

ご両親やら奥さんやらがいきなりビデオに登場する驚きとともに、身内からの、普段はなかなか直接言われる機会のない励ましの言葉をもらって、本人たちは照れたり号泣したり大変でしたが、そんな姿を見ながら皆で朗らかな気持ちを共有することができました。

アセとナミダの研修

業務の拡大とともに増えていく社員をどうまとめていくか。これは重要な問題です。ひとりひとりが会社や自分の役割について理解をしていないと、会社はうまく回っていきません。そこでマネジメント研修をおこなうことにしました。今は多くの企業がおこなっていることです。とはいえ、どこかの研修施設にこもって講義を聞くというのも、スマイルズらしくありません。

私たちはあちこちを探して、もと冒険家のイギリス人が社長を務めるユニークな会社を見つけ、スマイルズのマネジメント研修を依頼することにしました。研修内容については私たちからの依頼事項も多く、かなりカスタマイズされたプログラムとなりました。私もストアマネージャーも、社員全員が参加し、八ヶ岳の麓に出かけていきました。

座学はほとんどありません。いくつかのゲームのようなアクティビティが用意されていますが、ルールを簡単に示すだけで、その背景や趣旨なども話しません。

内容についてはここでは詳しく触れませんが、ふと、メンバー自らが気がつくような仕掛け？になっています。

例えば、体育館で、普段マネジメントで中心的な役割をしているマネージャーたちが円の中心に身を置き、他の人は周りを囲むように壁際にすわります。そして中心にいるメンバーが簡単そうに見えるゲームを進めていきますが、なかなかうまくいきません。時間は刻々と過ぎ、彼らは焦ってきます。周りのメンバーは、ただそれを見ているだけです。規定の三十分が経って、結局そのゲームはゴールできませんでした。

私は、壁際で座っている側でした。

実際にその場にいると、中心でゲームに挑戦している人たちと、その他の壁際にいる人たちの距離感を、非常に強く感じます。周りから声をかけてはいけない、というルールはありません。もっとこうしたら、というアイディアはありますが、私とて確証はありません。実際に距離も遠く、自信のない意見ではとても声をかけられる雰囲気ではないのです。離れた場所でポツンと座っていると、孤独感さえ感じてきます。

私は、壁際を経験することで、店や会社で意見があっても言い出せないということを体感しました。きっと意見を言っても届かないだろう。もし間違っていたらどうしよう、と。中心側から壁側に、同じ目線で寄っていかないと意見など出てこないこと、そのような状況が続くと孤独感、疎外感を感じ、閉じこもり、そして他人事になっていってしまうことが分かりました。

この研修では、こういった「気づき」をいくつも体験します。そして最後には、全員で壁のクライミングをします。これには何の仕掛けもありません。部長と若手の差もありません。決まっていることは、全員が登るまで終わらないこと。これまた皮肉なことに、年をとった上席の人ほど身体は重く硬く、うまくいきません。最初は、皆自分が登れるかが心配で、人の事どころではありません。そのうち皆クリアし、後に残るのは、大体偉そうな?男たちです。そのうち皆が集まってきて、全員で応援します。こんなの無理だ、と思っていた壁ですが、なんと最後には全員登りきることができました。

一人のインテリ部長が、壁にしがみついたままピクリとも動かず、みんなの声援を受け、決して落ちないのですが、上にもなかなかいけない。その理屈を超えた必死の姿は、どうやら一生忘れることは出来なさそうです。

合宿の最後には、各自が全員に対して短いメッセージの手紙を書きます。帰りの電車の中で、皆こっそりと、涙を拭きながら読んでいました。

第六章　振り返りと、これから

ここまで、スープストックの誕生や生い立ち、そして育ててくれた人たちについて綴ってきました。では最後に、すべての始まりとなった企画書「スープのある一日」をもとに、一九九七年当時に空想で書いた未来予想図と、その後実際に実現できたこと、できなかったことを、まとめたいと思います。

スープのこだわり

無添加への執着についてはすでにお伝えしましたが、企画書には他に、スープについてこんなことを書いていました。

「スープが主役。かつては、スターターやサイドとしての役割を背負わされていたが、スポットを浴びてからは、いきなりブレークし、各々が夫々《それぞれ》のスタイルでスープを食生活に取り入れだした」

確かに、スープだけに絞るのには勇気がいりますが、やはりそれが良かったと思います。

スープストックが出来て以降、ちょっとしたスープブームがあり、スープ店がいくつも出来ては消えていきました。そうした店の多くは、スープだけでなく、サラダやサンドイッチも置いていました。その気持ちは良くわかります。

実はスープストックでも、スタート当初は、小さなカップサラダをセットで付けていました。本当に小さなものです。ある日アークヒルズ店で、屈強な外人さんがその小さいサラダを手にして、一瞬呆然とされ、そして、かすかな嘲笑を浮かべられました。私は穴があったら入りたいとはまさにこのこと、という気持ちでした。その後、カップサラダはなくしました。

サラダがそこまで小さくなった理由は、スープのコストが高いことです。

「料理におけるスープとソースは、Ｆ１におけるエンジンのようなもの」と、どこかで読んだことがありますが、それだけにスープは、手間も時間もかかるものなのです。その上、スープストックでは、一流ホテルで出すような、手間暇かけて作られるスープをそのままファストフードに持ってきているので、高いわけです。

そうすると、例えばランチの価格帯では、サイドアイテムを充実させるだけの余裕が、残念ながらありません。サラダを小さくするか、安物にするか、あるいはスープを小さくするか、安物にするか、のどれかになってしまいます。私たちは、安物のスープも、ちんけなサラダもイヤでした。

サンドイッチはどうでしょう。サンドイッチをセットにすると、これまたスープは、安物にするか、あるいはポーションを小さくするか。いずれにしてもスープが添え物になってしまいます。スープが中途半端な商品となれば、結局何屋さんかわからなくなる。果てはパスタもクレープも、となるでしょう。

穴に逃げずに堂々としているには、スープを譲ってはならない。

アークヒルズの外人さんの表情は決して忘れません。


また私たちは、いわゆるターゲットを設定しませんでした。企画書にも、

「スープというものは、○歳～百歳まで、男女・国籍・貧富・宗教を問わない」

「自分へのこだわりは強いが、相手を選ばず差別はしない」

とあります。

商品を開発、販売するときに、よく「二十代後半から三十代前半のキャリアウーマンにターゲットを絞って……」などと言います。結構なことだと思います。しかし、私は、どこかに向けて自分を合わせていくよりも、まずは自分が何をやりたいのか、自分が投げる球は何なのかが先にないと、無責任になるような気がしました。

最初に、自分たちから世の中に球を投げる。それに共感してもらえれば、強い関係性ができる。これは、絵を描くことを想定していただければ、自然に分かっていただけることだと思います。「女子高生に人気のチワワを登場させ、携帯電話を持たせて村上隆風に描けばウケるかも」、なんて考えて描くアーティストはいないでしょう。

またマーケットありきでスタートすると、ダメなときにマーケットに責任転嫁してしまいかねません。たとえばナタデココや黒ゴマなど、流行《はや》りのアイテムで化粧をした商品を作る。それが売れればいいですが、ダメなときは流行のスピードのせいにして、また新しいネタを探そうと業界誌をめくり、みのもんたの番組を見て、とならないでしょうか。

もちろん、こちらの投げた球をお客さまに打ち返してもらえるかどうかはわかりません。しかし、自分から投げた場合には、ダメならダメなりに調整することができます。そうやって、的に近づいていければいいのだと思います。

〇歳～百歳といっても、実際にはスープストックのお客さまは大半が若い女性です。それで良いと思います。おじいさんと孫が一緒にスープをすすっていたり、血糖値が気になるビジネスマンが常連さんだったり、というのも目指したいシーンではあるのですが。

しかし、反省点もあります。こちらから球を投げる、お客さまを差別しない、ということが「お客さま不在」になりかねないところです。お客さまがいなければスープストックは成り立ちませんし、お客さまがどう思っていらっしゃるかは、とても重要です。であるのに、社内で「お客さま」が主語の言葉が少ないのは事実です。私自身、もっともっとお客さまを意識する努力や必要があると反省します。

そこで先ごろ、「Soup Stock Tokyo　魅力を作り上げるための八つの宣言」を作り、そのなかに、こんな一文を盛り込みました。

「お客さまは店にとって主役であり、私たちはその最高の演出家であるべきだ」

また、スープに関しては、予想以上の苦労もありました。企画書では、調理も提供も簡単というふれ込みでしたが、実際には全然そうではありませんでした(激涙)。

これは大きな誤算でした。店舗で一から作るスープは相当な手間と時間がかかるばかりでなく、どうしても店舗間での品質のブレができます。当初は各店のストアマネージャーが「自分のところが一番美味い」と自信をもって提供しているならばそれで良い、と思っていましたが、さすがにそうはいきません。

やはり味の基準は大事で、基準がないとお客さまのスープに対する評価が定まらず、いつまでもフワフワした空《うつ》ろなものになってしまいます。そのため途中から、各店舗で共有する味や質の基準を作りました。

その基準をまとめるのは、とても困難な作業でした。何度も何度も試食を繰り返しましたが、半日もスープを食べ続けていると、私は眼球が圧迫されるように感じてきます。次のスープが出るまでにランニングをして、血糖値を下げながらの試食です。しかし、これを繰り返すと、良い状態のスープというのがわかるようになってきます。大げさに言うと、骨董品を見る審美眼のようなものが磨かれてくる感じです。

今、店舗では「品質チェックカード」に書かれた言葉や絵をもとに、スープの状態が良いかどうかを確認しています。店のスタッフは、できたてのスープの味を毎日舌で確認し、その味を味覚に叩き込み、カードを使いこなすようにしています。

他にもまだ、基準作りが必要なテーマは沢山あります。

もともと、私は、基準作りは苦手でした。

絵を描くときに、この基準を満たせば良いとか、基準に沿って描くなどということはありません。むしろ、自分の予測を超えたものに価値がぷくっと生まれます。

ところが、基準や数字というものは、突き詰めていくと、大変大きなパワーを生み出すことを知りました。求めるものが定まると、各々のエネルギーがそこに注ぎ込まれます。

「正」という字は、「一」と「止」の字が合わさってできていると教わりました。「一」は、その横棒があるべき正しい基準のラインを示し、そこにピッタリ合わさって「止まる」のが「正しい」ということ。手前や先で止まっては正しくない。基準の「一」があるからこそ正しいという概念が生まれてくるのだと。

基準があるから頑張れるし、達成できれば喜べる、評価できる、共有できる。数字は冷たく見えますが、感情の領域を大いに耕すものなのだと実感しています。

店のこだわり

先に書いた通り、スープストックの店づくりに関しては、既存のファストフードへのアンチテーゼ（ちょっと大袈裟ですが）として、シンプルで自然なものにしてきました。そしてそのことが、企画書にあった「女性の行ける店の圧倒的不足」の問題解決にも繋がりました。

我が家の家内は化粧もしない、かなり素でいく人です。しかし、それでも外で昼食を一人でとるとなると、入れるお店はスタバか神戸屋キッチンかスープストックくらいで、他は行ったことがないと言います。

また、かつて読んだ雑誌の記事に、「女性が最も恥ずかしいと思うこと」というアンケートがあり、驚くべきことに、「薬局で避妊具を買うこと」を差し置いて、一位は「駅の立ち食いそば屋で一人でおそばを食べること」でした。

「一人だと時間をかけたくない」「何が入っているかわからないものはイヤ」「入りにくい店ももちろんＮＧ」となると、街中での選択肢はいまだに極めて限られているようです。この点では、正直、貢献していると思います。「早くて、ゆっくり」、召し上がって頂きたいと思います。

しかし、予想と外れたこともありました。

一号店ができた九九年当時、ＪＲの方とお話をしているときに、「私は駅ビルで食事はしないし、だからスープストックを駅ビルに出すことは考えていない」と、今考えると恐ろしいことを面と向かって言っていました。企画書にも、駅ビルは出てきません。その時はそれが本心でしたが、この七年で駅の環境は本当に大きく変わりました。

かつて駅は汚くて、ただ通過するだけの、どちらかというと早く通り過ぎたいくらいの場所だと、皆さんも思っていたのではないでしょうか。それが今は、デパ地下ならぬエキナカで、主要な駅からどんどん美化され整備され、様変わりしています。スープストックにとっても、駅は極めて強い立地になっています。

私はもともと、そして今も、食堂街にお店を出したいと思っていません。

たとえば百貨店の上層階にある「お好み食堂街」や駅ビルにあるレストランフロア。お腹を空かせたお客さまが昼と夜に集まってくる場所です。そういった場所ではなく、もっと日常の生活動線上にお店を置きたいと思っています。ランチや夕食のためにスープを、と特定するのではなく、生活スタイルが多様化したこの時代に合わせて、ひとりひとりの食生活に各々のスタイルで、私たちのスープを取り入れてほしいのです。

朝昼晩と三回決まった時間に定食を食べるほうが、むしろ稀有な時代になりました。サービス業に従事している人は食事時こそが仕事のピークだし、カタカナ職業の方は昼に出社して夜中に帰宅します。そういった多様なライフスタイルとニーズに応えるためにも、生活動線の一部である駅は、今後、是非出店を進めていきたい最重要立地となりました。

そんな願いをこめた店舗のひとつが、東京メトロ表参道駅の地下構内にオープンしたEchika《エチカ》表参道店です。この店舗では初めて、カフェの要素も取り入れました。強いニーズに応えたいという思いもありますし、昼と夜の食事時間がピークで他の時間帯は落ちこむという、これまでの売り上げM字曲線を解決できるのでは、という期待もあります。

これまでは「低投資・高感度」というスマイルズの基本姿勢に即して、また、溜池山王店の失敗からも、小さな店舗でリスクを少なくして運営してきました。しかし狭いお店は居心地が悪いとか、入りたくても混んでいて入れないとか、それだけお客さまに負担を強いることにもなります。そこでゆったりできる店舗を展開していく計画も進めることにしました。表参道店は、その第一歩でもあるのです。

店舗数に関しても、企画書の内容とは、ちょっと様子が変わってきました。企画書には、「ＭＡＸ四十店舗程度」に止めるとあります。当初は直営四十店、フランチャイズ十店の、合計五十店を目途にしていました。現在、スープストックは三十四店舗になり、目標数値も百店舗に軌道修正しました。

しかし、ブランドイメージを崩したりとか、拡大路線に変更したわけではありません。そうではなく、狭い範囲内に複数の店舗を出店する「ドミナント出店」を進めようと考えているのです。従来は新宿駅でも渋谷駅でも一軒ずつと考えてきましたが、実際には、主要駅では三～五店を出店することが可能だとわかりました。狭いエリアに集中して出店すれば、売り上げだけでなく、ブランディングなどの面からも良い効果が望めます。このドミナント出店を含めて数えていくと、百店となるのです。

そして先頃、首都圏外の店舗として、名古屋、静岡などに出店しました。お陰さまで大変好調です。今後、地方への展開もしっかり考えていかなくてはなりません。

サービスのこだわり

企画書では「当然のＱＳＣ」と書きました。クオリティ、サービス、クリンリネスの事ですが、「当然の」と、一言で言ってしまえるようなものではありませんでした。

特にサービスに対しては、一番気にしたいのに、結果的に一番抜け落ちてしまいました。既存のファストフードに対するアンチテーゼがあったことも、その要因の一つでしょう。アメリカでマクドナルドができたときに、初めてファストフードの接客マニュアルが作られたと聞いています。人種の坩堝《るつぼ》で言語もばらばら、識字率も高くないアメリカにおいて、「Hello」「Thank you」もわからないスタッフでも、とにかく最低限、均一にサービスができるようにしようと作ったのが接客マニュアルの源流だという話です。本当かどうかはわかりませんが、私たちとは環境が違うと思いましたし、「ファストフード的な接客」が、世の中では悪い意味をもって流通しているのは事実です。

しかしその、ファストフード的なマニュアル接客を何となく嫌がっていたことが、サービスの構築を放置することにつながってしまいました。そして社内では、色々な憶測も生まれました。

「遠山さんは明るく大きな声はキライらしい」「満面の笑みはキライらしい」――。

私は、自分の家に人を招いたときのように、挨拶と心配りと笑顔をもって、自然におもてなしできたら良いと思っていました。しかし思っているだけでは実現しませんし、瞬時にお客さまに対応するという、スピードを求められるサービス、ホスピタリティは、そんな「雰囲気」のようなものでは実現できないことがわかりました。

サービスやホスピタリティに関しては、色々な話し合いが行われました。

掛川でおこなった営業合宿では、ホスピタリティをメインテーマにさんざん議論を尽くし、私たちが目指すホスピタリティの精神を一言に集約しました。それは「テンション！」です。

当時、店全体が非常にいいムードに満ちて、働くスタッフも仕事を楽しんでおり、なにより自然で温かいサービスをお客さまに喜んでもらえていた店舗がありました。売り上げも非常に好調でした。「その店にあって、ほかの店にないものは何だろう」と突き詰めていったとき、見出されたキーワードが「テンション！」だったのです。

横浜シァル店のストアマネージャーを務めていたイケメンの鳥居は、まさにこの「テンション！」を体現していました。毎朝四時起きという辛い状況にもかかわらず、彼はお店を開けるとき、スタッフに大きな声で「Are you ready?」と明るい掛け声をかけます。スープを注ぐときには、「ライトを浴びて、今ニンジンが燦然と輝いております！」と実況します。お店のスタッフは楽しくないわけがありませんし、やる気も自然と高まります。そして、そのウキウキした心と笑顔をもっておこなっていたサービスが、お客さまに喜んでいただけていたのです。

鳥居が自分の店で作り上げていたこの文化は、「テンション！」という言葉を得て以来、ほかの社員やパートナーにも伝授されていき、あちこちのお店で実を結んでいます。

社会に対するこだわり

「単なる飲食の提供や営利追求だけの組織ではない。社会を引張り影響を与える」

企画書には、こんな文言もありました。社会を引張るとはおそれ多い言い方ですが、しかし、初めて「無添加」のファストフードを実現し、ともかく三十四店までやってきたことは、それなりに社会に貢献してきたと言ってよいと思います。当時はとにかく低価格旋風が吹き荒れていて、牛丼二百八十円の横で一杯六百十円のスープはいかにも高く見えましたし、実際、牛丼との価格の比較を何度言われたかしれません。

アメリカの食が貧しいというのは、大手ファストフードチェーンが低価格路線を進め続けた結果、食材や味が二の次になり、食のインフラが低いレベルで定着してしまったためだと聞いたことがあります。誰かが意識し、誰かが踏ん張らなければ質は上がらない。そしてそれを望んでいるお客さまが、日本には実際に沢山いらっしゃったわけです。

近年ではファストフード業界でも安全・安心、高価格高品質の路線を打ち出してきています。チェーンレストランでも、そうした言葉が花盛りです。本来であれば、同じ方向性を打ち出す店が増えることは「競争」激化といえますが、こと高品質路線に関しては「協奏」とでも言えましょう。私たちにとっても、大いに歓迎すべきことです。

そして、ひとたび感度を共有したお客さまとの関係性ができあがれば、扱うものはスープだけでなく他の食や、食以外のモノ、コト、場合によっては農業やボランティアにだって広げていけるかもしれない、と考えていました。

「一つだけでなく、併行して次のコンセプトを模索する」

「スープのある一日」ではこのように書き、スープに続くコンセプトとして「野菜と果物のスタンド」と、人材派遣業をとりあげていました。

実際には、ルーの専門店「Tokyo Roux」をスタートさせました。また、私はもうひとつの新たなビジネスプランをもっています。ネクタイの新しい専門ブランド「giraffe（ジラフ）」（http://www.giraffe-tie.com）です。ジラフはキリン、という意味です。

これはスープストックを起案する前、三菱商事の情報産業グループにいるときから考えていたものです。

政治も経済も変革を余儀なくされている今、国や他人のことに文句をいう前に、まずは一人一人がgiraffeのネクタイで自分自身をきりりと締め上げて、キリンのように目線を高くし、遠く先を見つめて頑張れば、自然と世の中全体も良くなるはず。

「giraffeはサラリーマン一揆です」というのが、九年前に書いたコピーです。

これは、将来ぜひとも実現させたいプランですが、現在のスマイルズの布陣や体力を考慮すると、残念ながらどうしても、今やるべきことにはなりません。そこで、社外の仲間に少しずつプランの具現化を進めてもらっています。これがいつかデビューし、もしも独り立ちできるものになったなら、スープストックは女性の生活価値を、giraffeは男性の生活価値を拡げていくものとして、将来スマイルズで運営していければと思います。

かつて三菱商事から離れ、ＫＦＣという地で新しいことをし、独り立ちをするかたちで戻ったように、今度はgiraffeを育てていきたいと思っています。そして、「スマイルズ社内ベンチャー〇号《ゼロ》」などと呼ばれてみたいものです。

今でももちろん、共有したいもの、想像したものを提案し、形にし、ビジネスにし、自立させていきたいと思っています。しかしそれは、並大抵のことではないことも知りました。外してはいけない理想や軸があればあるほど、それを実現するのは大変です。

一人芝居のスポットが当たっている主役のまわりには、暗闇でひっそりと息をひそめている監督も脚本家も、照明も衣装も、切符のもぎりも財務経理も、営業も広報も、そしてお客さまもいて、誰かが欠けていたら成り立ちません。カーテンコールで受け取った花束はそんな皆に対しての花束です。ひとりひとりがそれぞれの持ち場で、ホッと胸を撫で下ろし、大変だったけどよ、また次もやるべ、と暗闇で一人静かにガッツポーズのこぶしを握っています。

主役に手をあげる役者さんが二百人集まっただけでは、ステージはピクリとも前に進みません。しかし、どうしたらステージが出来るのか、その方法論やパワー配分は難しく、なかなか見えてきません。

成功とは、なによるものなのか。

スープの味なのか、スタッフの笑顔なのか、物流がもたらしたコスト改善か、融資をしてくれた金融機関か、予算必達のスーパーバイザーの粘りか、パートナーの力を最大限に引き出すストアマネージャーの力量か。

もちろん、そのどれかひとつではありません。それぞれの持ち場にそれぞれのノウハウがあります。結局は、かつてからある地味なやり方、ノウハウをきっちりと進めていくこと、数字をきっちりおさえていくこと、プランと結果の差をちゃんと追求すること、そんなことの積み重なりがバチッと全部はまったときに、成功となるのだと学びました。

スマイルズも、もちろんそうです。

時間帯別来客数百四十名という、最高数値を達成したアークヒルズ店のストアマネージャー、スープの劣化試験を朝から続けている麗しき商品担当者、漏水リスクを徹底的に検証している店舗開発部長、新店に新たに採用する壁紙にカレーをつけて、三日後、五日後、一週間後に拭き取り試験をやっているクリエイティブ部の長髪マネージャー、明け方から商品物流のトラックの助手席に乗り込み、経路と店着時間を目視する長身イケメン商品部長などなど、若い皆が、それぞれの持ち場で、従来からあるノウハウなどを盗み、吸収し、実践しています。そしてまた、彼らはそれを実に楽しそうにやっています。昔からある変わらぬ仕事、変わらぬノウハウも、皆がやると、何故かますます楽しそうです。
「個人性と企業性」、その両方を実現し、しっかりと、しかしユニークに成長していきたい。

商品やお店のセンスだけでなく、私たちメンバーが互いの信頼関係を作り上げ、お客さまにきちんとしたものを提示する。お客さまが、もしそれに共感しお金を払ってくださったのなら、それは投票行為、あるいは投資行為とも解釈できます。

要するに、私たちに一票投じて下さった。

千円払って「また次のスープつくってよ」と資金を投じて下さった。

株主さんもそうではないかと思います。のん気なことを言って、と株主さんには怒られそうですが、皆、私たちのスープや会社やスタッフの笑顔を信頼し、それを伸ばすべく一票投じ、資金の援助をしてくれている。そんな関係ではないかと思います。

そして、私たちメンバー、お客さま、株主の互いの信頼、共感がぐるぐると永続してめぐっていければ、高級ブランドならぬ「恒久ブランド」として永続していけると思っています。

私のこだわり

今後、私たちは何をしていくのでしょうか。

ビジネスの世界では、相変わらず高級ブランドか、あるいはいきなり低価格品かのふたつにひとつで、どっちつかずはダメですよ、というような言われ方をしています。

本当にそうでしょうか。ではスープストックはどちらでしょうか。

高級でも大衆低価格品でもない、第三のゾーンがあるはずです。私もいまだ適切な言葉にできていませんが、ざっと思いつく言葉に置き換えてみましょう。

「個性がある、顔がみえる、意味づけのある、意義がある、意志がある、背景がある、理屈ではない熱がある、垢抜けている、泥臭くある、デザインがある、共感できる、納得できる、嬉しくなれる、人に伝えたくなる、驚きがある、発見がある……」

まだまだ出てきそうです。

わかりやすいところで、私の日常の生活を例にあげてみましょう。

私は、東京に住んでいたり、社長をやったり、絵を描いたりと、平均的というより、どちらかというと普通ではないかもしれません。でも、じゃあ高級ブランド路線かといったら全然ちがいます。


服……古着が多いです。その商品の「二つとない個性」が、私を買う気持ちにさせるのです。古着を使ってカスタマイズしたものはもっと好きです。千九百円のシャツなど安いものも魅力ですが、その横にある旧西ドイツ時代のアディダスのジャージ一万九千円も買います。私の行く店は、古着屋さんなのに、業界では最大手のチェーン店です。（↓個性が

ある。人に伝えたくなる）

ブランドものであえて言うなら、パタゴニアでしょうか。決して安くないです。（→意志がある。泥臭くある。デザインがある）

ヴィトン、グッチの類は、なぜだかいまだに持った事がありません。アーティストである家内も全く持っていません。コムデギャルソンやヴィヴィアン・ウエストウッドは、持っていませんが憧れます。

先日、家内の亡くなった祖父が着ていた黒いダブルの礼服をもらいましたが、袖が短かったので、その場で糸を外して袖を出しました。縁はほつれたままでしたが、急にいい感じになり、ホテルオークラ平安の間でおこなわれた結婚式に着ていったところ、八人位の人にかっこいいと言われました。（→背景がある。発見がある。個性がある）

食事……昼は立ち食いそばが多い。でもこれは満足していません。温かい汁もの（なにせスープ屋を始めたくらいですから）で、身体に負担が少なく（なにせオーバー四十歳なので）、一人の時は時間が惜しい（現代病です）から行くのでしょう。もっと商品などへのこだわりがある、意志のある立ち食いそば屋があったらいいのに、と思います。

週末に家族で行くとすると、家から歩いていける小さな、店主さんと顔なじみの美味しい店です。もちろん、近ければ何でも良いわけではありません。（→顔がみえる。共感でき

る）

オシャレな高級イタリアンなどには、ほとんど行きません。アンデルセンやPAULや神戸屋キッチンなどのベーカリーは好きです。ドトールは行かない（失礼）けどスタバは好きです。（→共感できる。デザインがある）

家……代官山の槇文彦氏の設計した集合住宅を借りています。もちろん高いのですが、無理してでも住みたい。彼の建築が好きで、三十年かけて進めてきた小さな都市計画に脱帽するし、緑も多い。代官山という街も好きです。（→個性がある。背景がある。共感できる）

スーパーで……お茶を買うにしても、ボールペンを選ぶにしても、性能は変わらないと思っても一応選びます。一番手前にあるからとか、二十円安いからというのは、選ぶ理由にはなりません。（→デザインがある）

やはり、一般的では無さそうなのでこの辺で止めますが、ここで出てきた言葉と、そして、その逆を挙げてみましょう。

○「個性的で、意味があり、背景があって、共感できる」
×「平均化され個性はなく、特段の意味や背景は見出せず、共感もできない」

自分は前者のものを選び、それに囲まれて生活しているのに、人さまに提供するときは後者でよい、なんていうわけにはいきません。特別なものは前者を選ぶけれど、日常品はそうでなくて良い、なんてこともありません。むしろ、日常で接する身近なものこそ、前者のようであってほしい。

要するに、どんなものでも「どうでもいい」、なんてものは無いんです。「どうでもいい」なんてイヤなんです。

裁判官の判決や、リレーのバトンの渡し方、役者の人選、ズボンの裾上げの長さ、カラーか白黒か、親の病状、娘の彼氏、卒業アルバム用に渡す写真、ビールの冷え方、お皿についた汚れ、銀行の残高、ボクサーが試合に臨むとき、ゴールキックを蹴る瞬間、初めて書くラブレター……。こういうものは、どれもこれも「どうでもいい」なんてことはあり得ません。「全然どうでもよくない」んです。

一杯のスープはどうでもよいか。もちろん、どうでもよくないんです。

先ほどの言葉をさらに短く集約するならば、「顔のあるブランド」あるいは「コミュニケーションのあるブランド」と呼べるかもしれません。

顔があるということは、人が在ること。顔が見えると、どうでもよくはできないです。

あとがき

一九九三年に発刊された都築響一氏の『TOKYO STYLE』は、十三年経った今見ても響いてきます。四畳半や六畳の部屋に、洋服やレコード、画材などが山積みされているような、東京の日常生活をリアルに映し出した写真集です。

「マスコミが垂れ流す美しき日本空間のイメージで、なにも知らない外国人を騙すのはもうやめにしよう。僕らが実際に住み、生活する本当の『トウキョウ・スタイル』とはこんなものだと見せたくて、僕はこの本を作った。狭いと憐れむのもいい、乱雑だと嗤うのもいい。だけどこれが現実だ。そしてこの現実は僕らにとって、はたから思うほど不快なものでもない。コタツの上にみかんとリモコンがあって、座布団の横には本が積んであって、ティッシュを丸めて放り投げて届く距離に屑カゴがあって…そんな『コックピット』感覚の居心地良さを、僕らは愛している」

と、都築さんは書いています。

この本は、イメージと現実とのギャップに対して、現実のほうにグッと顔を向け、「いやいや現実も捨てたものではない、それどころか、空ろなイメージの世界より、こちらのほうがずっとタフでクリエイティビティに溢れているのだ」と、骨太なメッセージを訴えていると思います。私の大好きな本です。

一方、目の前に吊られたニンジンのようなイメージや幻想を、「実際に取りにいこうよ」「無いなら創ろうよ」というのが私たちスマイルズです。

それを、幻想だよ、と諦めるのではなく、感じたことを本当に実現していきたい。また、それができる時代だと思っています。


一九九九年に一号店ができて、世紀を跨《また》ぎました。

二十世紀は物の時代でしたが、二十一世紀は心の時代になると思います。

そこで重要なものは、棒グラフに表される数値だけではなく、考え方、感じ方といった価値観です。


変な話で恐縮ですが、私が子供の頃、どういった経緯か家族で占い師に見てもらい、

「兄は学者になる、この子が家を興す」と言われたそうです。その後、昔は隆盛だった我が家も没落し、兄は慶応大学で学者となり、あとは私が家を興すのみとなりました。また、別の有名な占い師には、私は五十歳で必ず大成功する、九十九％そうなると言われました。

かつてであれば、そんなこと言われたって無理だよ、と思ったでしょうが、今はアリだと思っています。というのも、これからは、物や規模だけではなく、価値観に意義を見出す世の中となっていくと思うからです。だから私たちも、私たちらしいユニークな価値観を体現していけば、ひょっとしたら将来、「最も小さな世界一の企業」などと呼ばれる可能性だってあるわけです。

しかし、自分たちの価値観を体現するには、「企業」として沈まない船、強い船にならないといけません。そこでスマイルズは、経営の体制を組み替えることにしました。

スープストックとトーキョールーで四十三店舗、売り上げは三十億円規模の企業になりました。外食事業は、三店三十店三百店でそれぞれ節目があると言われます。もはや当初の「遠山商店」とは、責任の重さも運営方法も違います。そこで個人商店のような経営から、チームで行う経営へ移行し、役割分担をしっかりとすることにしたのです。

ジェネラルマネージャーなど、経営会議に出ている若手のメンバーが、より経営にコミットするようにし、三菱商事でスマイルズの非常勤取締役であった内山氏に社長になってもらう。主に管理的な実務の経営執行は新体制下で行い、私は従来の株主のまま代表取締役会長となって、スマイルズがよりスマイルズらしくあるように、スマイルズのユニークさをさらに推し進めるために、また新たな事業開発のために、自分のパワーを最大限活かすことにしました。

会長になって私が最初に始めた仕事は、新しい表参道店に一ヶ月間入店することでした。この本の最終稿は、パートナーたちと一緒の、研修の合間に書いています。現場に入ることを決めたのには、難しい理由はありませんでした。ただもう一度、ムラムラとやりたくなったのです。

現場をもう一度知ることはとても大切で意義がありますが、それよりも私自身、現場に身をおいて、「なんでこうなっちゃうの?」という疑問や、ふつふつとした怒りなどが湧き起こってこないかを、自分自身に期待しているのです。

先日、たまたま田口ランディ氏の本を読んでいたら、気分がどんより重たくなりました。彼女の家庭は、極度の暴力や引きこもりなどで崩壊し、家族同士で包丁を突きつけるのも日常で、兄と母が病気で亡くなったときは、これで少なくとも家庭内での殺人のリスクがなくなってホッとした、と綴っています。

私たちのメンバーの中にも、人に語れない環境にある人がきっといるでしょうし、いかんともしがたい事実に縛られている人も、きっといるでしょう。

それでも、やっぱり私たちは幸せなんだと思います。

だって、向き合う仕事があるし、辛くても、前向きに、よりよいものを追求するという、極めて健全な動機のなかで仕事に夢中になれている。やってください、と人から頼まれることが存在する。それぞれに責任がある。「どうでもよくない」意識がある。人から認められる環境がある。きっと不安を共有できる仲間もいる。

私にも悩みや不安があります。ちょっと考え込んでしまったり、自信を失いそうになったり。でも、すぐに気がつきます。矢印が短かったり、か細かったりすることはあっても、でも全て矢印は前に向いている、前向きな悩みなんだと。

そう考えていたら、

「私たちのやっていることは、決して間違っていない」

という言葉が浮かび上がってきて、何だか勇気が湧いてきました。当たり前のように見えて、でも実は当たり前ではない、とても幸せなことなんだと思いました。

ちょっと、しんみりした話になってしまいました。

さてと、中型バスが、そろそろ出発します。

この先、私の役割を、もしも一つに絞るとしたら、素晴らしい将来のCEO、「やりたくて・やれる経営者」に、続々と出会うことだと思っています。この先、色々な人に出会って、色々な生活価値の種を探して、形にして、何台かの車の編隊を組みたい。その時の素晴らしい言いだしっぺ、やりたくて・やれる人、自ら運転する人、そんなCEOを外から内から見つけてくるのが、私の役割だと思います。

先日店長会で、「世界一の会社になる」と宣言しました。

皆、顔を真っ赤にして、「そんなの当たり前だよ！」と私を睨みつけてくれました。


出発、進行します。

この作品は、書き下ろしです。
人物の肩書き・役職、会社などの名称は、
原則として当時のものです。

遠山正道（とおやま・まさみち）
1962年東京生まれ。慶應義塾大学卒、三菱商事を経て2000年株式会社スマイルズ設立。「Soup Stock Tokyo」、「PASS THE BATON」、「刷毛じょうゆ海苔弁山登り」などを展開。その他「The Chain Museum」、「ArtSticker」を運営。女子美術大学特任教授。東京ビエンナーレなどではアーティストとして活動。YouTube「新種の老人」を運営。ポエトリーバンド「新種のImmigrationsB」はフェスやライブなどで活動している。
https://www.soup-stock-tokyo.com/
https://smiles.co.jp/

スープで、いきます
〜商社《しようしや》マンが Soup Stock Tokyo を作《つく》る〜

著　者　遠山正道《とおやままさみち》

発　行　2006年2月25日
13　刷　2025年4月5日

発行者　佐藤隆信

発行所　株式会社新潮社　郵便番号162-8711
東京都新宿区矢来町71
電話：編集部（03）3266-5611
読者係（03）3266-5111
https://www.shinchosha.co.jp

印刷所　錦明印刷株式会社

製本所　大口製本印刷株式会社

乱丁・落丁本は、ご面倒ですが小社読者係宛お送り下さい。送料小社負担にてお取替えいたします。
価格はカバーに表示してあります。

ISBN978-4-10-301151-4 C0034

劇的再建
「非合理」な決断が会社を救う
山野千枝
埋もれている「自社の宝」を探し出せ！　地方、下請け、斜陽産業から周囲も驚く起死回生を果たした社長たちが舞台裏を語り尽くす、血沸き肉躍るビジネス戦記。

成功は一日で捨て去れ
柳井正
安定志向が会社を滅ぼす！　現状を否定し、社内改革への挑戦を続けるユニクロ。経営トップが明かす悪戦苦闘の記録。前著『一勝九敗』から六年、待望の最新経営論。

熟達論
人はいつまでも学び、成長できる
為末大
基礎の習得から無我の境地まで、人間の成長には5つの段階がある。「走る哲学者」が半生をかけて考え抜き、達人たちとの対話で磨き上げた、人生を「極める」バイブル。

道は開ける
決定版カーネギー
あらゆる悩みから自由になる方法
D・カーネギー
東条健一訳
この本に書かれたほんの少しの行動をするだけで、あなたの人生は劇的に変わる。画期的新訳で甦る「本当のカーネギー」。ストレス社会を生きる現代人の必読書。

蜷川幸雄の仕事
蜷川幸雄
山口宏子ほか
三島、寺山からシェイクスピアまで——32の代表作を軸に〝世界のニナガワ〟の軌跡を一挙に振り返る。村上春樹の寄稿、宮沢りえのインタビュー等も。
《とんぼの本》

塑する思考
佐藤卓
物や事の真の価値を、人間の営為へと繋ぐために。デザインの第一線で活躍する著者が、ごく日常と接点を持つデザインを介して、全身で、柔軟に、思い感じ考える22章。

編めば編むほどわたしはわたしになっていった

三國万里子

ずっと息苦しさを感じていた少女が、やがてニットの世界に居場所を見つけるまで。著者の半生を追ううちに、読者それぞれの「あの頃」が蘇る極上のエッセイ集。

人生、山あり谷あり家族あり

岸田ひろ実

長男の障害、夫の急死、さらに自身が心臓手術の後遺症で車椅子生活に……。そんな人生の大きな困難を乗り越えられたのは家族のおかげ。元気おすそわけエッセイ集。

世界の果てまで行って喰う
地球三周の自転車旅

石田ゆうすけ

キューバでぷるんぷるんの丸焼き豚をフハフハ。松茸の極楽浄土ブータンでムハムハ。天国メシと地獄メシ、そして心震える涙メシが胃袋を摑む五つ星の食旅記。

なんでも見つかる夜に、こころだけが見つからない

東畑開人

人生には、迷子になってしまう時期がある。そんな時に助けてくれるのは7つの補助線――紀伊國屋じんぶん大賞受賞の臨床心理士が贈る新感覚の〝読むセラピー〟。

発酵野郎！
世界一のビールを野生酵母でつくる

鈴木成宗

世界一に輝き続ける伊勢角屋麦酒。その快進撃の原動力は「微生物好き」だ。好きこそものの上手なれ？　研究開発型発酵が生み出す、超遠回りサクセスストーリー！

珈琲屋

大坊勝次
森光宗男

東京・表参道『大坊珈琲店』と福岡『珈琲美美』の「焙煎とネルドリップの名人」ふたりが、豆の種類から道具、美術、音楽、そして「生きる」ことまでを語り尽くす。